외국인을 위한
대학 글쓰기

외국인을 위한
대학 글쓰기

초판 1쇄 인쇄 2021년 2월 26일

초판 1쇄 발행 2021년 3월 5일

지은이 강성애, 노석영, 임현열, 한승우

펴낸곳 인문과교양

주소 (02001) 서울시 중랑구 중랑천로 358-6

전화 02-3144-3740

팩스 031-655-3740

ⓒ2021, 강성애, 노석영, 임현열, 한승우

ISBN 979-11-85939-79-7 (03700)

University Writing for Foreigners

외국인을 위한
대학 글쓰기

강성애 · 노석영 · 임현열 · 한승우 지음

SINCE
2013
인문과교양

우리 책은 외국인들을 위한 글쓰기 교재로 기획되었습니다. '기초편'과 '응용편'으로 나누어, 기초편은 글쓰기에 관한 전반적인 이론을 공부하고, 응용편에서는 기초편에서 익힌 내용을 적용하여 대학 생활에서 꼭 필요한 글쓰기를 경험하도록 구성하였습니다. 특히 응용편에서 공부하게 될 '감상문'과 '보고서', '논증하는 글쓰기'는 과제로 흔히 주어지는 글쓰기이므로, 열심히 연습해 주시기 바랍니다.

책의 단원별 구성은 '이론 → 읽기 자료 → 연습 → 실습'으로 이루어졌습니다. 이론을 익히고, 읽기 자료를 읽으면서 이론이 적용된 글을 체험해 보세요. 읽기 자료를 토대로 여러분도 자신의 생각이 담긴 한 편의 글을 완성해 보세요. 우리 책은 실습을 전제로 한 워크북입니다. 반드시 실습하는 시간에 최선을 다해서 글을 써 주세요. 다 쓴 후에는 교수님께 검사를 받으세요. 교수님의 피드백을 반영하여 다시 고쳐 쓰고 글을 다듬어야 비로소 실습이 완성됩니다. 글을 잘 쓰기 위해서는 많이 써 보고, 많이 다듬어 봐야 한다는 것, 꼭 잊지 마세요!

우리 교재는 '한국어 바로 쓰기'와 '도서관 이용법'에 대해서도 다루고 있습니다. 올바른 정서법을 익히면 바른 글쓰기를 할 수 있습니다. 도서관을 잘 활용하면 원하는 책과 자료를 쉽게 찾아 풍성한 글을 쓸 수도 있지요. 글쓰기에 도움이 될 이 두 단원 역시 최선을 다 해서 익히고 활용해 주시기 바랍니다.

우리 책의 내용들을 열심히 익히고, 주어진 글쓰기 실습을 꼬박꼬박 수행하다 보면 어느새 향상된 실력과 자신감을 스스로 느낄 수 있을 것입니다. 언어로 자신의 생각과 감정을 정확하게 표현할 수 있는 대학생이 되길 응원하겠습니다.

대표 저자 한승우

목차

CONTENTS

PART 02

응용편

PART
01

기초편

01 글쓰기는 우리의 삶을 풍요롭게 한다

글쓰기는 우리의 삶을 풍요롭게 한다

1) 인간의 언어 습득 과정　2) 언어를 통해 인간은 소통한다　3) 글자는 특권이다?　4) 교양과 글쓰기

학습목표
언어 사용의 중요성을 알아본다.

언어
름(말씀 언) 語(말씀 어) / language

생각, 느낌 따위를 나타내거나 전달하는 데 쓰는 음성, 문자 따위의 수단. 언(름)은 '한국어, 중국어, 고유어, 외래어' 등의 단어에 쓰이는 말로 체계로서의 말과 글을 이야기한다. 어(語)는 '고언, 발언, 선언, 실언' 등의 단어에 쓰이는 말로 구체적 사용으로서의 말과 글을 이야기한다.

1) 인간의 언어 습득 과정

"인간이 어떻게 언어를 습득하는가?"라는 질문은 많은 언어학자들에 의해 수없이 회자된 고전적인 연구 주제였다. 하지만 우리가 가장 쉽게 이해할 수 있는 사례는 '헬렌 켈러'의 언어 습득 사례일 것이다. 헬렌 켈러는 18개월 무렵, 열병으로 시력과 청력을 잃었다. 발성 기관에는 문제가 없었지만, '언어'의 존재 자체를 알지 못했던 그녀에게 말을 듣고 이해하는 행동은 엄두도 내지 못하는 것이었다. 이런 헬렌 켈러가 모든 사물에는 이름이 있다는 것을 알게 되고, 심지어 손에 잡히지 않은 물체나 사람의 감정과 같은 추상적인 영역도 모두 언어로 표현할 수 있다는 것을 알아 가는 과정은 그야말로 기적에 가깝다. 그녀의 언어 습득 과정은 어린아이들이 언어의 존재를 알고, 습득해 가는 과정과 흡사하기도 하다. 너무 오래전 일인지라 지금의 우리는 미처 기억하지 못하지만, 그 어린 나이에 우리 모두는 '언어'라는 수단을 통해 세상이 열리는 경험을 했던 것이다.

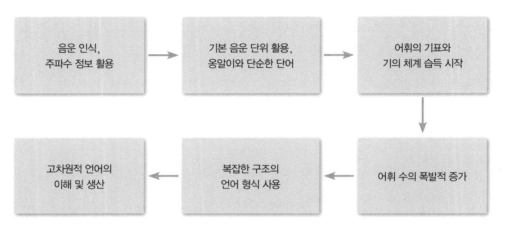

인간의 언어 습득 과정

2) 언어를 통해 인간은 소통한다

우리는 같은 말을 듣고, 다르게 해석하는 경우가 많다. 다음과 같은 상황을 머릿속에 떠올려 보자.

교수님: (과제를 제출하지 않은 학생들을 보며) 아주 잘하는구나!
학생 A: (해맑게 웃으며) 감사합니다.
교수님: 뭐라고? 감사하다고?
학생 A: 교수님께서 방금 저를 칭찬해 주셨잖아요.

교수님: (화를 내며) 너는 지금 상황 파악이 전혀 안 되니?

학생 B: 교수님, 한 번 더 기회를 주신다면 정말 최선을 다해서 완성하겠습니다. 죄송합니다.

교수님: (학생 B를 보며) 그래도 너는 내 말을 알아듣기는 했구나.

과제를 제출하지 않은 학생들에게 교수님이 칭찬의 말을 했을 리는 없을 것이다. 교수님이 말씀하신 "아주 잘하는구나!"라는 말은 학생을 꾸중하기 위한 의미였다. 사실 교수님은 "과제를 제출하지 않다니! 너의 과제 점수는 0점이야!"라는 말을 반대로 돌려 말씀하신 것이다. 그러나 학생 A는 교수님의 말만 듣고, 엉뚱한 반응을 보이고 있다. 왜 이런 문제가 발생했을까? 대화를 할 때에는 상대방이 말하는 '소리'만이 아니라, 그 속에 담긴 '의도'까지 파악하고 '적절히 반응'해야만 한다. 그것이 진정한 듣기와 말하기이다. 그런데 학생 A는 이런 능력이 결여되어 있었다. 이렇게 되면 소통에 장애와 오해가 생기게 된다. 다행히 학생 B는 자신의 실수를 사과하고 진심으로 교수님께 도움을 청하고 있다. 여러분이 교수님이라면 학생 A와 학생 B 중, 누구에게 기회를 더 부여하겠는가?

언어학자이자 철학자인 월터 옹(Walter Ong)은 『구술문화와 문자문화』라는 책에서 인류의 매체 역사는 크게 '구술 문화 시대 → 문자 중심 시대 → 전자 매체 시대'로 이동되어 왔다고 분석했다. 우리는 현재 전자 매체 시대의 정중앙을 관통하고 있다. 우리는 각종 매체들을 통해 내 생각을 글로 표현하고 전달한다. 어렵게 생각할 것 없이, 여러분이 오늘 하루 지인들에게 보낸 '카카오톡' 숫자만 세어 보아도 얼마나 많은 양의 문자들을 이용해 소통을 시도했는지 알 수 있을 것이다. 지금 우리는 전자 매체를 이용하여 더 많은 쓰기와 읽기를 수없이 경험하고 있다. 친구에게 보낸 문자 메시지 때문에 오해를 불러오기도 하고, SNS의 댓글을 보며 위로를 얻기도 한다. 전자 매체 시대를 살아가는 우리에게 읽기와 쓰기는 더욱 중요한 능력이 되고 있음을 깨달아야 한다.

그렇다면 이쯤에서 여러분에게 진지하게 묻고 싶다. "여러분은 이렇게 중요한 언어를 진정 잘 사용하고 있습니까?"라고.

3) 글자는 특권이다?

『뿌리깊은 나무』라는 소설에서 세종대왕은 애민의 정신으로 28자의 훈민정음을 반포하려고 노력한다. 하지만 당시의 정치 세력들과 양반들은 이를 막기 위해 안간힘을 쓴다. 이유가 무엇이겠는가? 답은 간단하다. 글자를 알고 익힐수록 백성들의 지식은 늘어날 것이고, 비판적이고 창의적인 사고력도 향상되어 갈 것이다. 그렇다면 소수의 지배계층과 특권계층은 다수의 백성들 위에 군림하기가 힘들어진다. 글자를 소유한 백성들은 자유롭게 사고하고, 표현할 수 있는 수단을 알게 될 것이기 때문이다. 바로 이것이 글자의 힘이다.

우리는 다행히 글자를 누구나 소유할 수 있는 시대에 살고 있다. 그러나 무비판적으로 받아들이는 수많은 언어들과 아무런 감각 없이 쏟아 내는 공허한 말들 속에서 우리는 매일을 살아가고 있다. 이렇게 수많은 문자들의 홍수 속에서 지혜롭게 언어를 해석하고 사용할 수 있는 능력을 두루 갖추고 있는가를 스스로에게 질문해 봐야 한다. 한번 더 강조하자면, 글자는 특권이었다. 과거에는 글자의 소유 여부가 계층의 상징이었지만, 현재는 글자만 소유해서는 안 된다. 문자를 자유롭게 읽고, 쓰고, 듣고, 말하는 능력이 뒷받침되어야만 비로소 우리는 참된 지식인이 될 수 있는 것이다.

4) 교양과 글쓰기

'liberal arts'를 우리는 '교양(혹은 인문학)'이라고 번역한다. 여러분은 지금껏 '교양'이 "나는 교양 있는 여자야!"쯤의 문장에 사용되는 단어로 생각했을지도 모른다. 하지만 교양에는 생각보다 심오한 뜻이 담겨 있다. 『옥스퍼드 영어사전』에 'liberal arts'는 자유인(free man)에게 어울리는 '학예(arts)'와 '학문(sciences)'을 통칭하는 뜻으로 설명되고 있다. 이후에 사회적 지위가 높은 사람들에게 적합하거나 어울리는 상태, 일, 직업을 설명하는 의미로까지 그 뜻이 확장되었다. 이렇게 지식인으로서 자유로운 사고를 하고, 그에 걸맞은 능력을 신장시키는 수업이 바로 대학의 '교양 수업'인 것이다. 그런 교양 수업 중에서도 '글쓰기'는 언어로 자신의 생각을 표현하는 가장 중요한 기본 소양을 익히는 과목이다.

　잘 듣고, 말하고, 쉽게 읽고, 쓰는 인재가 되는 것은 생각보다 쉽지 않다. 한마디로 대학 교양 수업에서 글쓰기는 이러한 생각의 물꼬를 터주는 작업이라고 하겠다. 그리고 언어를 지혜롭게 사용하는 방법과 수단을 익히는 과정이라고 생각하면 된다. 이 수업을 듣는 여러분 모두 지식인으로서 명확한 언어를 사용하고, 응용할 수 있는 교양 있는 인재가 될 것이라고 믿는다.

한국어를 사용하면서 가장 크게 실수한 경험을 말해 보세요.

글감 찾기

1) 브레인스토밍   2) 자유연상   3) 클러스터 맵

학습목표
글감을 찾기 위한 방법을 연습하여 적용할 수 있다.

글감=소재
素(바탕 소) 材(재목 재) / writing material

글의 내용이 되는 재료. 글을 통해서 나타내려는 중심 생각을 주제라 하고, 그 주제를 나타내기 위한 재료들을 글감이라고 한다. 글의 주제를 '김치찌개'라고 한다면, 김치찌개를 끓일 때 쓰는 재료인 김치, 양파, 돼지고기, 설탕, 마늘, 고춧가루 등은 글감이라고 할 수 있다.

1) 브레인스토밍

브레인스토밍(brainstorming)이란 주어진 주제에 대해 떠오르는 생각들을 형식과 내용의 제한 없이 자유롭게 표현하는 행위를 말한다. 브레인스토밍이라는 용어는 1930년에 알렉스 오스본(Alex Faickney Osborn)이 쓴 『Applied Imagination』으로부터 널리 알려지게 되었다.

브레인스토밍의 기본 4대 원칙은 ① 비판하지 않기 ② 자유로운 분위기에서 실행하기 ③ 최대한 많은 아이디어를 이끌어 내기 ④ 다양한 의견을 융합하기이다. 브레인스토밍은 우리의 뇌 속에 있는 창의성을 최대한 끌어낼 수 있도록 고안되어 있다. 이런 브레인스토밍 작업은 글감을 찾을 때뿐만 아니라, 공동체 작업을 진행하면서 서로의 생각을 이끌어 내고 소통하는 데에도 유용하게 활용할 수 있다. 또한 추상적인 아이디어를 결합하여 구체적이고 현실적인 주제로 발전시키는 데 탁월한 효과를 갖는다. 브레인스토밍의 절차는 다음과 같다.

브레인스토밍의 절차

1. 목표를 명확하고도 구체적으로 이해한다.
2. 될 수 있는 한 많은 생각들을 자유롭게 종이나 화이트보드에 적는다.
3. 모든 생각들을 메모한다(형식과 규칙은 없어도 된다).
4. 시간은 30분 정도로 진행한다.
5. 브레인스토밍을 진행한 시간만큼 휴식을 취한다.
6. 메모된 내용들을 서로 묶어서 새로운 아이디어로 결합시킨다.
7. 필요한 소재들만을 선택하여 글감으로 삼는다.

■ 친구들과 팀을 이루어 '외국인 유학생들을 위한 축제 기획서'를 쓰기 위한 아이디어를 브레인스토밍 과정을 통해 도출해 보세요.

2 브레인스토밍을 통해 찾아낸 여러 아이디어를 모아 공연 프로그램 다섯 개를 제안해 보세요.

1.

2.

3.

4.

5.

2) 자유연상

　　자유연상(심리역동이론)은 정신분석학에 기반한 심리치료에 사용되는 기술로 지그문트 프로이트(Sigmund Freud)에 의해 만들어졌으며, 글쓰기에서는 나의 머릿속의 많은 생각들을 꺼내어 의미를 갖도록 연결시키는 작업으로 활용되고 있다. 자유연상에서는 교수자가 주는 첫 번째 글감에서 출발하여 마음에 떠오르는 내용들을 제한하지 말고 마음껏 계속해서 적어 나간다. 연상을 통해 떠오른 무의미한 여러 가지 내용들이 나중에는 하나의 조각으로 맞추어지면서 훌륭한 내용과 의미를 갖춘 글로 완성될 수 있도록 하는 기법이다.

　　자유연상을 통한 작문의 특별한 점은 교수자가 같은 글감을 던졌다고 하더라도, 학생들이 가지고 있는 배경 지식과 최근의 관심사에 따라서 전혀 다른 연상이 전개된다는 점이다. 따라서 첫 시작은 같을지 몰라도, 완성된 글의 내용은 자신의 마음을 반영하는 글이 된다.

'나의 가장 소중한 친구'라는 첫 글감을 가지고 자유연상을 해 본 후, 자유연상 내용을 연결하
여 글로 작성해 보세요.

· 첫 글감: 나의 가장 소중한 친구

· 자유연상하기

나의 가장 소중한 친구 ➡ ➡
➡ ➡ ➡

· 글로 작성하기

_____

_____

_____

3) 클러스터 맵

클러스터 맵(cluster map)은 글쓰기 전 구상 활동(pre-writing activity)으로 유용하며, 생각을 정리해서 시각적으로 보여 주어 자신이 쓰고자 하는 글의 내용을 효과적으로 정리할 수 있는 도구이다. '생각의 사슬'이라고도 불리는데, 핵심 주제에서 연상되는 단어들을 체계적으로 원 안에 써넣고, 하나의 흐름으로 묶일 수 있는 계열화된 생각들을 발전시켜 나가면 된다. 클러스터 맵의 모든 내용들을 글감으로 삼을 필요는 없다. 마음에 드는 글감 중 몇 개만을 선택해서 글로 발전시켜 나가면 되는 것이다.

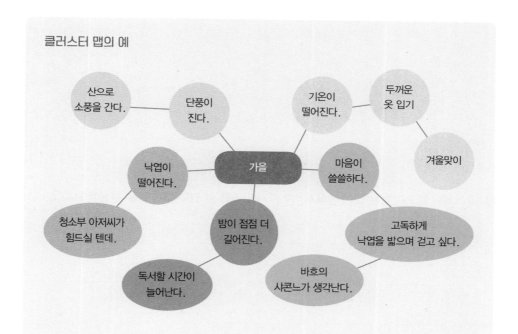

클러스터 맵의 예

가을이 되고 낙엽이 떨어지면 왠지 마음이 쓸쓸해진다. 벌써 한 해의 중반을 넘어섰다는 생각도 들고 아무것도 해 놓은 일 없이 한 해가 지나가는구나 싶은 생각에 마음이 조급해지기도 한다. 허전한 마음에 바흐의 '샤콘느'를 들으며, 낙엽을 밟고 거닐다 보면 벌써 해가 뉘엿뉘엿 저물어 간다.

가을이 깊어질수록 밤은 점점 더 길어진다. 좋아하는 음악을 들으며, 읽고 싶었던 책을 집어들고 차분하게 읽다 보면 마음의 걱정거리들이 사라지는 것 같다. 그리고 남아 있는 한 해를 다시 힘차게 달려가야겠다는 다짐을 조용히 읊조려 본다.

1 '나의 꿈'이라는 주제로 글을 쓰기 위해, 클러스터 맵을 이용해 글감을 찾아보세요.

나의 꿈

2 클러스터 맵으로 찾은 글감 중에서, 몇 가지를 골라 한 편의 짧은 글을 완성해 보세요.

글감을 고를 때의 유의점

- 주제를 뒷받침할 수 있어야 한다.
  → 아무리 참신하고 소중한 글감이라 하더라도 주제와 관련 없는 것이라면 과감하게 제외시킨다.

- 다양하고 풍부하게 모을수록 좋다.
  → 글감의 양이 적으면 글의 내용 역시 빈약해진다.

- 다른 사람의 흥미와 관심을 끌 수 있는 것이어야 한다.
  → 창의적이고 흥미로운 글감이 글의 내용을 풍요롭게 만든다.

- 자신의 능력으로 충분히 쓸 수 있는 소재인가를 생각한다.
  → 너무 어렵거나 전문적인 글감은 피한다.

이상의 브레인스토밍, 자유연상, 클러스터 맵을 활용하여 머릿속에 떠오르는 생각들을 자유롭게 적어 보고, 이 중에서 주제를 구체화시킬 수 있는 소재를 가려내는 단계가 글감 찾기 단계이다.

주제 정하기

1) 주제란 무엇인가   2) 주제문 작성하기

학습목표
주제문을 작성하고, 적절하게 배치할 수 있다.

주제
主(주인 주) 題(제목 제) / subject, topic, theme

대화나 연구 따위에서 중심이 되는 문제. 글쓴이가 나타내고자 하는 중심 생각

1) 주제란 무엇인가

글을 쓰기 위한 글감들이 마련되었다면, 이것을 구체화하여 주제를 설정해야 한다. 즉, 여러 글감 가운데 특히 어떤 부분에 초점을 맞추어 글을 쓸 것인지를 분명히 하는 작업을 말한다. 이때, 글에 대한 자신의 입장 표명이 분명하게 드러나 있어야 한다. 이것을 '주제'라고 말한다.

1 다음 읽기 자료를 천천히 읽어 보고, 질문에 답해 보세요.

> 사람들은 직업을 선택할 때 중요하게 생각하는 기준으로 적성, 흥미, 전공, 보수, 명예, 사회적 공헌 등을 꼽는다. 이 중에서도 나는 직업을 선택할 때 적성과 흥미를 가장 중요한 기준으로 삼고 있다. 보수와 명예도 좋겠지만, 내가 그 일을 하면서 재미와 즐거움을 느끼지 못한다면 평생 지루하고 힘든 삶을 살아갈 것이 뻔하다. 날마다 가슴이 뛰고, 끊임없이 도전하는 삶을 살기 위해서는 나에게 맞는 일을 선택해야 한다고 생각한다. 내 적성과 흥미에 맞는 직업을 찾는 것이 나의 가장 큰 꿈이다.

• 이 글에서는 사람들이 직업을 선택할 때 중요하게 생각하는 기준에는 어떤 것들이 있다고 하였습니까?

_____

• 이 글에서 글쓴이는 직업을 선택할 때 중요하게 생각하는 기준이 무엇이라고 하였습니까?

_____

• 이 글의 가장 중요한 문장에 밑줄을 그어 보세요.

2 다음 읽기 자료를 읽고, 주제문을 찾아보세요.

> 갑자기 닥친 팬데믹 패닉에 우리의 일상은 한동안 일시 정지 상태였다. 그동안 너무나 당연하게 여겼던 것들이 낯설어졌고, 익숙한 것들로부터의 결별을 묵묵히 받아들여야만 했다. 미세먼지가 섞여 있는 공기라도 폐부 깊숙이 들이마시고 싶은 심정이지만, 마스크 없이 길거리를 배회하는 것은 죄악이 된 세상에서 그것조차 힘들어졌다. 우리들의 간격은 커져 갔고, 기침을 하는 사람이라도 만나게 되면 의심의 눈총을 쏘아 대기 일쑤였다. 그렇게 비정상이 정상이 되어 가는 뉴노멀(new normal)의 시대로 우리는 진입하고 있는 중이다.
> — 『중대신문』, 1972호

_____

_____

3 다음 읽기 자료를 읽고, 주제문을 찾아보세요.

우리 신문이 우리 마을의 주변을 둘러보고, 살피며, 새로움을 제안하는 역할까지 해 주기를 바란다. 지난 1979호 『중대신문』에서는 노량진 하수박스가 문화역사공간으로 거듭나게 될 것을 예고했다. 주요한 문화재로서의 가치를 지닌 하수박스가 새롭게 거듭나기 위해서는 보존을 넘어 이야기를 담은 콘텐츠가 있어야 한다. 우리는 모두 건축과 토목의 전문가가 아니다. 일반인들이 그 오래된 역사와 의의를 이해하기 위해서는 서로 나누고 공감할 수 있는 좋은 이야기가 함께 있어야 한다. 우리 신문은 그동안 학교 주변의 역사와 문화에 관심을 기울여 왔다. 이 기사 역시 그것의 일환이다. 이제 사실만을 보도하는 신문을 넘어 다른 지역의 좋은 모델을 제시하고, 새로운 우리 마을의 콘텐츠를 제안하는 것까지 나아가야 한다. 그것이 흑석에서 잔뼈가 굵은 우리가 마을을 아끼는 방법일 것이다.

— 『중대신문』, 1980호

---

2) 주제문 작성하기

주제에 대한 생각과 관점을 분명히 정하고 난 후에는 '주제문'을 구체적으로 만들어 보는 것이 좋다. 주제문이란, 글 쓰는 이의 관점을 하나의 문장으로 표현한 것이다. 따라서 주제문에는 태도, 가치관 등이 분명하게 드러나는 것이 좋다. 주제문을 미리 작성해 두면 앞으로 써야 될 내용들을 흐트러짐 없이 일관성 있게 배열할 수 있다. 주제문을 작성할 때에는 다음과 같은 부분을 주의해야 한다.

주제문을 작성할 때의 유의점

· 구체적이고 한정적이어야 한다.
　예 (×) 불쌍한 사람을 돕자.
　　(○) 장애를 가진 어린이들의 치료와 재활을 돕기 위해 모금 운동을 벌이자.

- 글쓴이의 생각이나 주장이 분명하게 드러나야 한다.
  - **예** (×) 개교 기념일을 다시 공휴일로 지정하자는 움직임도 있다.

    (○) 개교 기념일을 다시 공휴일로 지정해야 한다.

- 완전한 문장으로 완성되어야 한다.
  - **예** (×) 영어 교육의 필요성

    (○) 글로벌 사회를 대비하기 위해 영어 교육을 의무화해야 한다.

- 의문, 비유적인 표현은 쓰지 않는다.
  - **예** (×) 정책을 결정할 때, 소수의 의견도 반영해야 할까?

    (○) 정책을 결정할 때에는 소수의 의견도 반영해야 한다.

주제문이 어디에 배치되느냐에 따라 두괄식, 미괄식, 양괄식으로 나누어 볼 수 있다.

주제문의 배치 방식

두괄식(頭括式)	미괄식(尾括式)	양괄식(兩括式)
주제문을 맨 앞에 두는 방식	주제문을 끝에 두는 방식	주제문을 앞뒤 양쪽에 두는 방식
주제문 ↓ 　 ↓ 	 ↓ 　 ↓ 주제문	주제문 1 ↓ 　 ↓ 주제문 2

다음 읽기 자료의 주제 문장을 써 보세요.

• 두괄식

_____.

인간다운 삶은 대부분 지식과 기술을 필요로 하고, 어떤 직업에서나 그 직무를 수행하기 위한 능력이 필요하다. 그러므로 성숙한 인격을 키우기 위해서는 우선 무식함에서 탈피하는 일이 절실하게 요구된다. 생활에 필요한 지식과 지혜를 배우고, 선배들의 가르침을 몸에 익히며, 자신의 능력을 계속 발전시켜 나아가야 한다. 가장 도움이 되는 것은 독서일 것이다. 책은 인류의 지혜와 지식들이 담겨 있는 보물창고다.

• 미괄식

미국의 링컨 대통령은 학교 정규 교육을 제대로 받지 못했지만, 자신의 노력으로 인생을 개척해 대통령이 되었다. 에디슨 역시 학교 진도를 따라가지 못할 만큼 학업 능력이 열등했지만, 인류의 생활을 편리하게 만드는 위대한 발명가가 되었다. 이처럼 _____

_____.

• 양괄식

저는 _____.
그래서 친구의 고민 상담 역할을 자주 합니다. 충고를 해 준다기보다 저를 믿고 마음을 털어놓는 친구의 말을 가만히 들어 주는 것만으로도 큰 도움이 된다고 생각합니다. 눈을 마주치고 진심으로 들어 주는 저의 모습을 보고 친구들은 위로를 받았다는 말을 자주 합니다. 고객을 만날 때에도 마찬가지일 것이라고 생각합니다. 고객이 원하는 것을 잘 듣고, 적합한 것을 제안하고, 불편한 점을 개선해 주는 그런 공감의 마음이 필요하다고 생각합니다. 이 회사에서 영업직을 수행할 수 있는 기회를 주신다면 저의 이런 능력을 최대한 보여 드리도록 노력하겠습니다. 한 번 더 강조하고 싶습니다. 저는 _____

_____.

문단 작성하기

1) 문단 작성하기

학습목표

중심 문장과 뒷받침 문장으로 문단을 구성할 수 있다.

문단

文(글월 문) 段(층계 단) / paragraph

몇 개의 문장이 모여 하나의 중심 생각을 나타내는 덩어리

1) 문단 작성하기

문장이 모여 하나의 중심생각을 나타내는 덩어리를 문단이라고 한다. 보통 글을 쓸 때 문단이 바뀌면 줄을 바꾸어서 처음 한 칸을 비우고 쓴다. 생각을 모아 하나의 문단으로 완성시키고, 생각이 바뀌면 다시 새 문단을 만들어서 써야 한다. 문단은 중심 문장과 뒷받침 문장으로 구성된다.

1 다음은 하나의 문단을 중심 문장과 뒷받침 문장으로 나누어 본 것입니다. 자세히 살펴보세요.

내 방 안에는 많은 물건들이 있다. 예쁜 꽃무늬 커튼도 있고, 커다란 책상도 있다. 책이 가득 꽂힌 책꽂이가 두 개나 있다. 벽에는 내 고등학교 졸업 사진도 걸려 있다.

중심 문장	내 방 안에는 많은 물건들이 있다.
뒷받침 문장	1. 예쁜 꽃무늬 커튼이 있다. 2. 커다란 책상도 있다. 3. 책이 가득 꽂힌 책꽂이가 두 개나 있다. 4. 벽에는 내 고등학교 졸업 사진도 걸려 있다.

2 다음의 읽기 자료를 읽고 물음에 답해 보세요.

대학생들의 한 달 평균 독서량은 0.7권밖에 되지 않는다. 한 달에 한 권의 책도 제대로 읽지 않는 것이다. 지식을 탐구하고, 미래를 개척해 나아가야 할 대학생들이 이 정도로 책을 읽지 않는다는 것은 충격적인 일이다.

독서를 하면 지식을 얻고 교양을 쌓을 수 있다. 책에는 새로운 정보와 다양한 지식들이 들어 있다. 그 지식과 정보를 바탕으로 기본적인 교양을 쌓을 수 있다.

독서를 하면 풍부한 경험을 얻을 수 있다. 사람들은 새로운 세계를 경험해 보고 싶어 한다. 그러나 모든 경험을 직접 해 보며 살 수는 없다. 그래서 책을 통해 이전의 경험해 보지 못한 세계를 만나는 것이다.

독서를 하면 지혜를 얻을 수 있다. 책 속의 인물이 한 행동을 통하여 지혜를 배우고, 어려운 일이 닥쳤을 때 독서를 통해서 배웠던 간접 경험들을 해결 방법으로 사용할 수 있다.

이처럼 독서에는 많은 좋은 점들이 있다. 독서는 훌륭한 스승과 함께 미지의 앎의 세계로 들어가는 일이다. 대학생들이 더욱 열심히 책을 읽고, 책을 통해 진리를 터득해야 할 것이다.

• 이 글은 몇 개의 문단으로 구성되어 있나요?

- 이 글의 두 번째 문단을 중심 문장과 뒷받침 문장으로 구분해 보세요.

중심 문장	
뒷받침 문장	

- 이 글의 세 번째 문단을 중심 문장과 뒷받침 문장으로 구분해 보세요.

중심 문장	
뒷받침 문장	

문단 작성하기

2) 문단의 구성: 3단 구성   3) 문단의 구성: 4단 구성   4) 문단의 구성: 5단 구성

학습목표

문단의 구성을 알고, 체계적으로 내용을 구성할 수 있다.

2) 문단의 구성: 3단 구성

3단 구성
서론 – 본론 – 결론

일반적으로 한 편의 글은 3단 구성의 체제를 갖추었을 때 안정감을 갖는다.

• 서론: 실마리를 제공하는 부분   • 본론: 핵심 내용을 담은 부분   • 결론: 요약, 정리를 하는 부분

1 다음 읽기 자료를 천천히 읽어 보세요.

〈슈퍼맨이 돌아왔다〉는 2013년에 방영하여 7년이 넘도록 인기를 끌고 있는 KBS 관찰 예능이다. "아내 없이 아이들을 돌보는 연예인 아빠들의 육아 도전기"를 그린다. 보통 다섯 가정이 등장

하고 한 가정이 하차하면 새로운 가정이 들어오는 식으로 진행된다.

　나는 7년 동안 꾸준히 이 프로그램을 즐겨 보고 있는 애청자이다. 그동안 사랑이, 윌리엄, 하오, 건후를 보며 힐링하는 시간을 가졌다. 지치고 힘들 때 아이들의 재롱을 보면 기분이 좋아지고 힘이 났다. 또 아이들이 성장하는 모습을 보면서 내 유년기를 떠올리기도 하고, 현재의 나를 성찰하기도 했다. 아이들을 관찰하다 보니 어린이들의 특성을 잘 알게 된 점도 이 프로그램이 내게 준 큰 선물이다. 나에게는 다섯 명의 조카가 있다. 한 달 정도 아이들을 돌봐 준 적이 있는데 이 프로그램 덕분에 조카들과 잘 소통할 수 있었다.

　지난 7년을 돌아보니 이 프로그램 덕을 참 많이 본 것 같다. 〈슈퍼맨이 돌아왔다〉는 내게 참 유익한 프로그램이다.

・ 이 글은 몇 개의 문단으로 구성되어 있나요?

・ 이 글에서 서론, 본론, 결론의 중심 문장을 찾아서 적어 보세요.

서론	
본론	
결론	

・ 이 글에 맞는 제목을 붙여 보세요.

---

2 자신이 좋아하는 TV 프로그램을 소개하는 글을 '서론 – 본론 – 결론'으로 나누어서 세 개의 문단으로 작성해 보세요. '서론'에서는 프로그램을 소개하고, '본론'에서는 좋아하는 이유를 이야기하고, '결론'에서는 프로그램에 바라는 점을 써 보세요.

3) 문단의 구성: 4단 구성

4단 구성
기 - 승 - 전 - 결: 起(일어날 기) 承(이을 승) 轉(구를 전) 結(맺을 결)

• 기: 시작하는 부분 • 승: 전개하는 부분 • 전: 전환하는 부분 • 결: 끝맺는 부분

1 다음 읽기 자료를 천천히 읽어 보세요.

〈킹덤 2〉는 궁전의 대부분의 사람들이 좀비에 물려 살아 있는 시체로 변하는 사건이 주된 줄거리이다.

중전은 자신이 머무는 중궁전 지하에 좀비들을 가두어 두고 있었는데 위기에 빠진 중전이 좀비들을 모두 풀어 주게 되고, 풀려난 좀비들은 궁궐에 있던 사람들을 모두 물어뜯어 순식간에 좀비로 만들어 버린다. 결국 궁녀들, 내시들, 신하들뿐 아니라 좀비를 풀어 주었던 중전마저 좀비로 변해 버린다.

궁궐에 있던 사람들 대부분이 좀비로 변하기 직전 세손은 좀비가 물에 약하다는 사실을 기억해 내고 살아 있는 사람들과 함께 좀비를 연못으로 유인한다. 세손은 꽝꽝 얼어붙은 연못 위에서 좀비들과 마지막 혈투를 벌이며, 꽁꽁 얼어붙은 얼음 바닥을 깨부수려고 노력한다. 다행히 세손에 의해 얼음이 갈라지고 좀비들은 한꺼번에 물에 빠진다.

바닥이 갈라지면서 수많은 좀비와 사람들이 모두 연못에 빠지는 장면은 이 드라마의 가장 명장면이다. 극한의 위기 가운데서도 포기하지 않고 사람들을 살려 낸 세손의 기지와 능력이 돋보이는 인상 깊은 장면이기도 하다.

• 이 글은 몇 개의 문단으로 구성되어 있나요?

_____

• 이 글에서 기, 승, 전, 결의 중심 문장을 찾아서 적어 보세요.

기	

승	
전	
결	

- 이 글에 맞는 제목을 붙여 보세요.

_____

2 자신의 인생을 돌아볼 때 누구와 크게 다퉜던 경험에 대해, '기 – 승 – 전 – 결'로 이루어진 4문단의 글을 써 보세요. '기'에서는 다툰 사람에 대해 소개하고, '승'에서는 싸운 이유를 이야기하고, '전'에서는 어떻게 싸웠는지 말하고, '결'에서는 싸움이 어떻게 끝났는지 적어 보세요.

_____

_____

_____

_____

_____

_____

_____

_____

_____

_____

_____

_____

_____

4) 문단의 구성: 5단 구성

5단 구성
서론 – 본론 1 – 본론 2 – 본론 3 – 결론

- 서론: 글을 쓰게 된 동기나 대상 소개, 본론의 내용에 대한 방향 제시
- 본론: 중심 내용, 알기 쉽고 체계적으로 기술
- 결론: 본론의 내용 요약, 보충, 간결한 주장으로 마무리

1 다음 읽기 자료를 천천히 읽어 보세요.

〈테넷〉(2020)은 어렵고 복잡한 영화를 만들기로 유명한 크리스토퍼 놀란(Christopher Nolan) 감독의 영화 중에서도 가장 난해한 작품으로 유명하다. 지금부터 이 영화가 어려운 이유에 대해 설명해 보고자 한다.

첫째, 〈테넷〉은 핵심 용어에 대한 정확한 설명을 하지 않는다. 영화에서는 "알려 줄 수 있는 건 테넷이라는 단어 하나뿐"이라는 대사가 나오지만, 정작 '테넷'이 무엇인지 제대로 설명해 주고 있지 않다. 특히 이 영화에서는 '인버전'이라는 단어를 이해해야만 전체적인 사건의 흐름을 이해할 수 있도록 구성되어 있지만, 영화의 그 어느 부분에서도 '인버전'에 대한 친절한 설명을 들을 수가 없다. 영화 〈테넷〉은 '테넷'이나 '인버전' 같은 가장 기본적인 용어의 개념도 설명을 하지 않은 채 진행된다.

둘째, 영화 속 시간의 흐름이 뒤죽박죽이다. 주인공이 인버전돼서 역방향으로 흐르는 시간 속에 놓이기도 하고, 작전에 투입된 두 팀이 각자 다른 시간의 흐름 속에 놓이기도 한다. 순차적으로 흐르는 서사 흐름에 익숙한 시청자들은 영화의 흐름을 정확히 이해하고 따라가기 어려울 수밖에 없다. 평소 우리가 사는 세상과는 전혀 다른 흐름 속에서 영화가 전개되고 있기 때문이다. 〈테넷〉은 다양한 시간의 양상을 보여 주면서 사람들이 영화를 이해하기 힘들게 만든다.

셋째, '미래의 나'와 '현재의 나'가 뒤엉켜 있다. 순차적으로 흘러가는 시간 속에서 몇 개의 물건(예를 들면, 총이나 차)만 인버전돼서 거꾸로 흐르는 시간 속에 놓일 수 있다. 따라서 어떤 총은 쏘면 총알이 총구에서 나가지만, 어떤 총은 거꾸로 총알이 총구로 들어오게 된다. 인버전된 사람과 인버전된 사물들이 동시에 공존하면서 영화를 더욱 어렵게 만든다.

이상과 같이 영화 〈테넷〉이 어려운 이유에 대해 분석해 보았다. 이 영화는 관람객들이 영화를 여러 번 보도록 만들 만큼 어려운 영화로 평가받는다. 그러나 다양한 요소로 몰입감과 재미를 주고 있어 흥행에 성공했다. 공부가 필요한 영화, 알면 알수록 더욱 재밌는 영화가 바로 〈테넷〉이다.

• 이 글은 몇 개의 문단으로 구성되어 있나요?

_____

• 이 글에서 서론, 본론 1, 본론 2, 본론 3, 결론의 중심 문장을 찾아서 적어 보세요.

서론	
본론 1	
본론 2	
본론 3	
결론	

• 이 글에 맞는 제목을 붙여 보세요.

_____

2 자신이 가장 사랑하는 사람에 대한 글을 5단 구성으로 작성해 보세요. '서론'에서는 어떤 사람인지 소개하고, '본론'에서는 그 사람을 사랑하는 이유 세 가지를 각각 한 문단으로 써 보세요. '결론'에서는 자신이 쓴 글을 정리하며 마무리를 지어 보세요.

개요 작성하기 및 고쳐쓰기

1) 어구형 · 문장형 · 문단형 개요

학습목표

어구형, 문장형, 문단형 개요를 작성할 수 있다.

개요

概(대개 개) **要**(모을 요) / synopsis

간결하게 추려 쓴 주요 내용. 글쓰기를 할 때 주제를 정한 후 수집한 정보와 내용을 바탕으로 개요를 쓴다. 부분별로 글의 내용을 구상하는 작업이며, 일종의 설계도 역할을 한다.

1) 어구형 · 문장형 · 문단형 개요

개요의 종류는 다양하다. 대표적으로 어구형, 문장형, 문단형을 제시할 수 있다. 분량의 측면에서 '어구형 < 문장형 < 문단형'으로 나눈다.

- 어구형 개요: 각 항목을 핵심적인 어구로 간결하게 표현한 것을 말한다.
- 문장형 개요: 각 항목을 문장으로 표현한 것을 말한다.
- 문단형 개요: 각 항목을 하나의 문단으로 표현한 것을 말한다.

1 다음은 생애 첫 번지점프를 경험한 친구가 메모한 글입니다. 잘 읽어 보세요.

- 번지점프를 하게 된 동기: 여자 친구에게 소심하다는 이유로 차인 후 내 성격에 대해 고민하게 되었다. 대범하지 못한 나의 성격을 바꾸고 싶어서 번지점프에 도전하게 되었다.
- 번지점프를 뛰기 전 느낌: 너무나 떨려서 다리가 후들거릴 정도였다. 옆에서 안전요원이 하는 이야기를 들을 수 없을 정도로 떨렸다.
- 번지점프를 하는 동안의 느낌 변화: 긴장 - 후회 - 죽음 - 해탈 - 안정 - 신기 - 신남
- 번지점프를 하고 난 후의 느낌: 도전을 해서 성취한 느낌이 들었고, 무엇이든 해낼 수 있다는 자신감이 들었다. 나의 성격을 조금씩 바꾸어 갈 것이다.

- 이 메모를 바탕으로 글을 쓰기 위해 어구형 개요, 문장형 개요, 문단형 개요를 작성하였습니다. 어떤 차이점이 있는지 말해 보세요.

구분	어구형 개요	문장형 개요	문단형 개요
서론	• 여자 친구와 헤어짐 • 번지점프 도전	여자 친구와 헤어진 후 번지점프에 도전하기로 했다.	여자 친구는 나의 소심한 성격을 탓하며 이별을 말했다. 나도 이런 성격이 싫어졌다. 남자답고 대범한 성격으로 다시 태어나기 위해 나는 번지점프를 결심했다.
본론 1	• 다리가 떨림 • 아무 소리도 안 들림	다리가 떨리고, 안전요원의 목소리가 들리지 않았다.	번지점프 시작점에 서니 다리가 떨리고 심장이 튀어나올 것만 같았다. 옆에서 안전요원이 주의 사항을 말하고 있었지만 전혀 들리지 않았다.
본론 2	• 긴장과 후회 • 죽을 것 같은 공포	긴장, 후회, 죽음의 공포가 밀려왔다.	뛰어내리기 직전에는 정말 죽을 것만 같은 공포가 밀려왔다. 긴장이 돼서 가만히 서 있을 수도 없었다. 괜히 번지점프를 하기로 한 것 같아 후회됐다.

본론 3	• 점차 안정이 됨 • 신기함과 신남	뛰어내리고 나니 마음이 편안해지고, 신기하고 신이 났다.	막상 뛰어내리고 나니 마음이 편안해지고, 주변의 풍경이 보이기 시작했다. 하늘을 나는 것 같아 신기하고, 신이 났다.
결론	• 도전에 대한 성취	도전에 대한 성취감이 들었다.	번지점프라는 대단한 도전에 성공했다는 성취감이 들었다. 무엇이든 해낼 수 있을 것만 같았다. 이렇게 조금씩 나의 소심한 성격을 극복해 갈 생각이다.

---

2 '나의 유학생활'에 대한 '문장형 개요'를 작성하고, 짧은 글을 완성해 보세요.

구분	문장형 개요
서론	
본론 1	
본론 2	
본론 3	
결론	

개요 작성하기 및 고쳐쓰기

2) 고쳐쓰기

학습목표
고쳐쓰기의 네 가지 원칙을 알고, 글을 다듬을 수 있다.

고쳐쓰기=퇴고
推(옮길 퇴) 敲(두드릴 고) / rewrite

자신이 쓴 글을 다시 읽고 내용과 표현이 어색한 부분을 찾아 고치는 것

2) 고쳐쓰기

고쳐쓰기를 '퇴고(推敲)'라고도 한다. 퇴고는 중국의 시인 '가도(Chia Tao, 賈島)'의 일화에서 나온 말이라고 전해진다.

하루는 가도가 말을 타고 길을 가던 중, 시를 한 수 지었다.

새는 연못가 나무에 머무는데

스님이 달밤에 문을 <u>두드리더라</u>

여기까지 생각한 가도는 '문들 두드리더라' 하는 말에서 고민이 생겼다. 문을 민다는 뜻을 가진 '推(옮길 퇴)'로 쓸 것인지, 문을 두드린다는 '敲(두드릴 고)'로 쓸 것인지를 고민하게 된 것이다. 이를 너무 깊게 생각한 나머지 가도는 부지사인 한유를 마주쳤는데도 인사를 하지 못하였다. 한유는 자신에게 인사를 하지 않은 가도가 괘씸했다. 한유는 가도를 끌고 오게 하고, 꾸짖기 시작했다. 가도는 자신의 시에 넣을 글자로 '퇴'가 좋을지, '고'가 좋을지를 고민하다가 미처 한유를 보지 못한 것이라고 말했다. 이 말을 들은 한유는 "문을 민다고 하는 것보다 문을 두드린다고 하는 것이 좋겠군."이라고 자신의 의견을 말한 후 가도에게 사과하고 물러났다. 이후부터 고쳐쓰기를 '퇴고'라고 부르게 되었다고 한다. 글을 짓는 것보다 글을 고치고 정확하게 쓰는 것이 더 중요하다는 뜻을 우리는 '퇴고'의 어원을 통해 알 수가 있다.

이처럼, 글은 쓰는 것도 중요하지만 고쳐 쓰는 것이 더욱 중요하다. 맞춤법과 띄어쓰기뿐만 아니라, 글의 흐름과 내용까지도 신경 써서 다시 되돌아봐야 한다. 고쳐쓰기까지 두루 거쳐야만 완벽한 글쓰기의 절차를 모두 마무리했다고 볼 수 있기 때문이다.

고쳐쓰기를 할 때는 다음의 세 가지를 염두에 두어야 한다.

① 여러 번 고쳐쓰기를 해야 한다. 고치면 고칠수록 좋은 글이 된다.

② 각각의 고쳐쓰기에서는 집중할 단위를 분명히 한다. 글의 구성을 보던 도중 맞춤법을 보는 식으로 왔다 갔다 하는 것은 비효율적이다.

③ 집중하는 단위는 큰 범위에서 작은 범위로 좁혀 간다. 큰 틀을 수정하고, 세부 사항을 고쳐야 한다. 세부 사항을 고치고 큰 틀을 고치게 되면, 큰 틀을 수정한 후 또다시 세부 사항을 고쳐야 하는 번거로움이 생긴다. 우선 처음 고쳐쓰기를 할 때는 글 전체에서 필자의 논지가 자연스럽게 드러났는지 점검한다. 그리고 각 단락이 잘 구성되었는지, 각 단락의 앞뒤 배열이 적절한지 검토한다. 그다음 비로소 문장과 단어 차원에서 표현이 명확한지 살펴본 후, 철자법, 띄어쓰기, 문장부호 등의 세부적인 사항을 확인한다. 끝으로 앞서 수정한 것이 전체적으로 조화롭게 반

영되었는가를 확인한다.

고쳐쓰기의 4대 원칙

1. 첨가의 원칙: 글의 전개에 있어서 부족한 내용들을 추가로 보완한다.
2. 삭제의 원칙: 글에서 불필요한 단어와 문장, 그리고 내용들을 과감하게 삭제한다.
3. 대체의 원칙: 적합하지 않은 단어와 용어는 바른 것으로 대체한다.
4. 재배열의 원칙: 글의 순서나 문장, 단어의 순서가 올바르지 않다면, 알맞게 수정한다. 글의 기본
   이 되는 구성조차 고쳐쓰기의 대상이 될 수도 있다.

1 다음은 고쳐쓰기의 4대 원칙을 적용하여 다듬어 쓴 글입니다. 자세히 살펴보세요.

오래전부터 내려오는 우리의 속담에 "천릿길도 한 걸음부터"라는 말이 있습니다. 공부하지 않
콩 심은 데 콩 나고 팥 심은 데 팥 난다
고 성적이 향상되기를 바라는 사람에게 들려줄수있는 속담입니다. 농부가 씨앗을 잘 간직해 두었

다가 때에 맞게 물을 주고, 씨를 뿌리고, 가꾸어야 풍성한 결실을 어룰 수 있습니다. 우리는 심은
거둘
것을 열심히 가꾸는 마음을 잊지 않아야 하겠습니다.
농부의

2 앞서 작성한 자신의 글 중에서 한 편을 골라, 고쳐쓰기의 4대 원칙을 적용하여 고쳐 써
보세요.

_____

_____

_____

_____

_____

0 5

표현하기

1) 설명하기　2) 묘사하기　3) 비교하기　4) 대조하기　5) 요약하기

학습목표

다양한 표현 방법을 사용해 글을 체계적으로 전개해 나아갈 수 있다.

1) 설명하기

설명

設(말씀 설) 明(밝을 명) / explanation

어떤 일이나 대상의 내용을 다른 사람들이 알기 쉽게 풀어서 말하는 것. 혹은 그런 말

■ 다음 읽기 자료를 천천히 읽어 보세요.

> 중앙대학교 도서관 앞에 있는 4.19 학생 의거 기념탑은 '의혈탑'이라고 불립니다.
> 1960년 3월 15일부터 시작된 이승만 대통령 부정선거 반대 시위는 지방에서 시작된 후 순식간에 전국으로 퍼져 나갔습니다. 마침내 4월 19일에는 고등학생, 대학생, 시민들로 구성된 10만 명

의 시위대들이 경무대(현 청와대)를 향해 진격해 자유 민주주의를 외칩니다. 정부는 계엄령을 선 포하고 경찰은 시위 참여자들에게 총기 사격을 가합니다. 이에 많은 시민들과 학생들이 부상을 당하고 목숨을 잃었습니다. 중앙대학교의 재학생 수천 명도 한강을 넘어 경무대로 향했고, 시위대 에 가담했습니다. 그중 6명의 학생들이 경찰의 총탄에 맞고 고문에 희생됩니다. 이때 희생된 6명의 학생들을 추모하기 위해 만들어진 기념탑이 '의혈탑'입니다. 중앙대학교의 교훈인 '의에 죽고 참에 살자'는 정의를 추구하고 올바른 것을 좇았던 선배들의 이러한 정신을 기리기 위한 것입니다.

2 '설명'의 방법을 사용하여, 주어진 대상을 서술해 보세요.

· 애플사의 창업자 '스티브 잡스'에 대해 설명해 보세요.

_____

_____

_____

_____

_____

_____

_____

_____

_____

_____

_____

• 가족사진을 붙이고, 가족에 대해 설명해 보세요.

〈우리 집 가족사진〉

외국인을 위한 대학 글쓰기

2) 묘사하기

묘사

描(그릴 묘) 寫(베낄 사) / description

어떤 대상이나 사물, 현상 따위를 그림을 그리듯이 표현하는 것

1 다음 읽기 자료를 천천히 읽어 보세요.

- 강의실 벽에는 시계가 걸려 있다.
  → 깨끗하고 하얀 강의실의 빈 벽에는 해처럼 동그란 시계가 단정하게 걸려 있다.
- 학생들은 수업시간이 되면 강의실로 들어와 카드로 출석체크를 한다.
  → 급히 달려와서 숨이 가쁜 학생들은 수업시간이 되면 우르르 강의실로 몰려 들어와 주머니에서 꺼내든 네모난 카드로 삑 소리를 내며 출석체크를 한다.
- 수업이 시작되기 전의 강의실은 시끄럽다.
  → 수업이 시작되기 전의 강의실은 제출할 과제를 확인하는 학생들, 오랜만에 만나 안부를 묻는 학생들의 소리들로 가득 차서 웅성웅성 시끄럽다.

2 '묘사'의 방법을 사용하여, 주어진 대상을 서술해 보세요.

- 한국에서 가장 인상 깊었던 여행 장소를 묘사해 보세요.

_____

_____

_____

_____

_____

• 대학 상징물의 모습을 묘사해 보세요.

중앙대학교의 청룡상

_____

_____

_____

_____

_____

_____

3) 비교하기

비교

比(견줄 비) 較(견줄 교) / comparison

둘 이상의 사물을 견주어 서로 간의 유사점, 공통점을 중심으로 설명하는 것

1 다음 읽기 자료를 천천히 읽어 보세요.

대학교에 입학하기 전, 나는 고등학교와 대학교는 아주 다른 세계일 것이라고 생각했습니다. 그러나 대학생이 되고 나서 생활을 해 보니, 대학교는 고등학교와 비슷한 점이 많았습니다. 우선 나를 담당하는 선생님이 계십니다. 고등학교 때에는 '담임 선생님'이 학교생활 전반을 관리해 주셨습니다. 대학에서는 '지도교수님'이 전공 공부나 진로에 도움을 주십니다. 또 각 과목별 선생님들도 계십니다. 국어, 영어, 수학, 체육 등 여러 과목 선생님이 계셨던 고등학교와 마찬가지로 대학에서도 전공과 교양에 따라서 각 과목의 교수님들이 계십니다. 과목 교수님들은 다른 영역의 강의를 하지 않습니다. 또한 모든 강의에는 과제와 시험이 있고 이것에 따라서 성적을 받습니다. 여러 학생들이 함께 경쟁하는 곳이기 때문에 좋은 점수를 받기 위해서 모두들 노력합니다. 고등학교 때에는 대학을 가기 위해서 노력했고, 대학교에 오니 좋은 직장에 취업하기 위해서 다들 열심입니다.

• 이 글에서 말하고 있는 고등학교와 대학교의 공통점은 무엇인가요?

_____

_____

_____

_____

2 '비교'의 방법을 사용하여, 주어진 대상을 서술해 보세요.

• 연애와 결혼

_____

_____

_____

_____

• 온라인 강의와 오프라인 강의

_____

_____

_____

_____

4) 대조하기

대조

對(대할 대) 照(비칠 조) / contrast

어떤 대상이나 사물, 현상들 사이의 차이점을 중심으로 설명하는 것

1 다음 읽기 자료를 천천히 읽어 보세요.

> 고등학교와 대학교는 분명히 다른 점이 있습니다. 우선 어떤 과목을 공부하는지가 다릅니다. 고등학교 때에는 학교에서 정해진 과목을 모든 학생들이 의무적으로 들어야 했습니다. 저는 '수학'을 듣고 싶지 않았지만 고등학교 3학년까지 수학을 들어야만 했습니다. 그러나 대학교에서는 제가 선택한 '한국어'와 관련된 과목만 듣습니다. 한국 소설, 한국 시, 한국어 문법 등을 수강합니다. 또한 수업을 어떤 시간에 수강하는지 결정할 수 있는 것도 고등학교와 다른 점입니다. 아침에 잠이 많은 나는 이번에 1교시 수업을 하나도 선택하지 않았습니다. 고등학교 때에는 월요일부터 금요일까지 모두 1교시부터 수업을 들어야 했습니다. 마지막으로 다양한 친구들을 만날 수 있는 것이 대학교가 고등학교와 다른 점입니다. 고등학교에서는 친구들이 대부분 학교 근처에 살고 있었는데 대학교에 오니 전국에서 온 친구들, 해외에서 유학을 온 친구들 등 다채로운 경험을 지닌 친구들을 많이 만날 수 있었습니다.

• 이 글에서 말하고 있는 고등학교와 대학교의 차이점은 무엇인가요?

_____

_____

_____

_____

2 '대조'의 방법을 사용하여, 주어진 대상을 서술해 보세요.

· 연애와 결혼

_____

_____

· 온라인 강의와 오프라인 강의

_____

_____

3 한국의 음식 문화와 고향의 음식 문화를 비교 · 대조하세요.

_____

_____

_____

_____

_____

_____

_____

_____

5) 요약하기

요약

要(요긴할 요) 約(맺을 약) / summary

말이나 글의 요점을 잡아서 간추리는 것

1 다음 (가)~(마)의 중심 문장을 찾아 밑줄을 긋고, 핵심 내용만 짧게 요약해서 써 보세요.

(가) 인공지능은 인간의 사고와 행동에 관한 수많은 데이터를 모으고 분석하여 기기에 접목할 수 있는 신기술로 각광을 받고 있다. 4차 산업혁명 시대를 맞아 인공지능 기술은 앞으로 사회 전반에 걸쳐 광범위하게 적용될 것으로 예상되고 있다.

(나) 그러나 인공지능 기술을 어떤 식으로 도입해야 하는가에 대한 분명한 합의를 우리는 아직 이끌어 내지 못하고 있다. 예를 들어, 도로 위에서 자율주행을 하던 중 도로 위의 보행자와 자동차 탑승객의 생명 중 하나를 선택해야 하는 상황에서, 우리는 누구의 안전을 우선시하도록 설계해야 할 것인가? 이런 기본적인 문제 앞에서도 사람들의 생각을 하나로 이끌어내는 것은 쉽지가 않다.

(다) 이미 인공지능의 기술은 높은 수준에 이르렀고, 더욱 빠른 속도로 발전하게 될 것이다. 이런 기술 발전이 인류의 삶에 커다란 영향력을 미치며, 편리와 안락함이라는 이점을 동시에 가져다줄 것이다. 그러나 인공지능 기술이 어떠한 방향으로 나아가야 할 것인가에 대한 심도 깊은 논의와 합의를 도출하지 못하고 있는 지금, 인공지능이 인류에게 위협이 될 수도 있다는 부정적인 가능성을 완전히 배제하기는 어렵다.

(라)　　영화 〈업그레이드〉에서는 인공지능 칩 '스템'을 이식받은 전신 마비 환자가 신체의 기능을 되살려 움직일 수 있는 상황을 보여 주고 있다. 그러나 결국 '스템'은 인간의 명령을 거스르고 이식된 주인공의 몸을 장악해 버린다. 영화 속 '스템'과 같은 인공지능 기술을 만들기 위해서는 앞으로 넘어야 할 산이 더욱 많겠지만, 기술 발전을 거듭하고 있는 지금의 상황을 볼 때 아주 허무맹랑한 상상으로만 치부할 수는 없다. 인공지능 기술이 오히려 인간을 위협하는 존재가 될 수도 있다는 말이다.

(마)　　인공지능 기술을 발전시키되, 제약과 규범을 두어 인간에게 위협이 되지 않도록 노력을 기울여야 한다. 인공지능은 어디까지나 인간의 보조적인 기능만을 수행할 수 있도록 해야 할 것이다. 안심하고 사용할 수 있는 기술에 대한 인류의 합의는 그래서 더욱 필요하다.

2 앞의 **1**에서 요약한 (가)~(마)의 핵심 내용을 이어서 한 문단의 글로 정리해 보세요.

표현하기

6) 시간의 순서   7) 원인과 결과   8) 문제와 해결 방법

학습목표

다양한 표현 방법을 사용해 글을 체계적으로 전개해 나아갈 수 있다.

6) 시간의 순서

서사

敍(차례 서) 事(일 사) / narrative

시간의 흐름에 따라 진행되는 사건이나 대상의 변화를 서술하는 방법

1 다음 읽기 자료를 천천히 읽어 보세요.

> 중앙대학교는 1918년 인사동에 있는 중앙교회 부속 중앙유치원을 창설한 데에서 출발합니다. 중앙유치원은 1938년 흑석동으로 이전하고 중앙여자전문학교로 개편됐습니다. 1947년에는 중앙여자대학으로 변경되었다가 1948년부터 남녀공학인 중앙대학으로 학직을 변경했습니다. 그

리고 1953년 드디어 종합대학으로 승격됩니다. 문리과대학, 법정대학, 경상대학, 약학대학 등 4개 대학, 9개 학과와 대학원을 설치했습니다. 초대 총장으로는 중앙유치원을 창설한 임영신 박사가 취임하였습니다. 1980년에는 경기도 안성에 학교를 준공하였습니다.

　　최근 중앙대는 각종 대·내외 평가에서 좋은 성적을 보이고 있습니다. 2016년 중앙일보 대학 평가에서 종합 7위에 올랐으며, 2016년 QS 세계대학 평가에서는 386위로 상승하였고, 2017년 THE 아시아 대학 평가에서 종합 60위에 올랐습니다.

2 '서사'의 방법을 사용하여, 자신이 살고 싶은 하루의 모습을 담은 생활계획표를 작성하고 설명해 보세요.

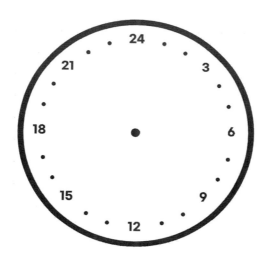

_____

_____

_____

_____

_____

3 '서사'의 방법을 사용하여, 출생부터 지금까지 자신이 살아온 삶에 대해 써 보세요.

_____

_____

_____

_____

_____

_____

_____

_____

7) 원인과 결과

인과

因(인할 인) 果(열매 과) / cause and effect

원인과 결과 또는 결과와 원인의 순서로 전개하는 방법. 주로 과학적인 글에 많이 사용된다.

1 다음 읽기 자료를 천천히 읽어 보세요.

> 왜 학생들은 나쁜 성적을 받는가?
> 첫 번째, 출석을 하지 않기 때문이다. 수업을 듣지 않으면 교수님께서는 성실하지 못한 학생이라는 생각을 하시게 된다. 이런 이유에서 출석 점수가 높지 않더라도 출석은 점수에 큰 영향을 미친다.

두 번째, 과제를 하지 않기 때문이다. 과제를 제출하지 않으면 기본 점수도 받을 수가 없다. 과제 하나당 점수 배점이 큰 경우가 많기 때문에 아예 제출하지 않으면 나쁜 점수를 받을 수밖에 없다.

세 번째, 공지사항을 꼼꼼하게 확인하지 않았기 때문이다. 과제를 어떤 방식으로 하라는 공지를 듣지 않고 자신의 마음대로 작성할 경우에는 교수님이 점수를 부여하는 기준을 정확히 만족시킬 수 없기 때문에 좋은 점수를 받을 수 없다.

• 이 글에서 설명하고 있는 나쁜 성적을 받는 세 가지 원인을 찾아 써 보고, 그에 따른 결과가 무엇인지도 써 보세요.

원인	1. 2. 3.
결과	

2 다음 각 문장의 뒤에 올바른 문장을 〈보기〉에서 골라 완전한 문장으로 완성해 보세요.

〈보기〉

• 해수면이 상승한다.	• 부자가 됐다.
• 다이어트를 성공하지 못했다.	• 교실만 지키고 있었다.
• 건강이 회복됐다.	• 성적이 떨어졌다.

• 교통사고로 다리를 다쳤다. 그래서 체육 시간에 _____

• 온실 효과로 인해 지구의 기온이 상승하면, _____

• 라면과 치킨을 끊지 못해서 _____

- 열심히 놀았더니 _____

- 규칙적으로 생활하는 습관을 길러서 _____

- 열심히 돈을 모아서 _____

8) 문제와 해결 방법

~~~~~~

문제 해결

問(물을 문) 題(제목 제) 解(풀 해) 決(결단할 결) / solve a problem

개인이나 사회가 직면한 문제점을 제시하고, 이를 해결할 수 있는 방안을 모색하여 해결하는 것

~~~~~~

1 다음 읽기 자료를 천천히 읽어 보세요.

한 통계에 따르면 현재 통학하고 있는 대학생 가운데 74.3%가 자취할 의사가 있지만 그중 51.5%의 학생이 경제적 문제 때문에 자취를 하지 못하고 있다고 한다. 또 통학하는 학생 중 80% 이상이 통학에 어려움을 겪고 있고, 몇몇 학생은 학업에 지장을 받는다고도 말한다. 기숙사 심사에 성적이 반영되는 학교에서는 제주도에 사는 학생마저 '기숙사 불합격'이라는 통보를 받기도 한다.

이와 같은 문제를 해결하기 위해서는 학생들에게 직접적으로 도움이 될 만한 임차보증금 또는 생활비 대출 관련 상품을 많이 만들어 제공해야 한다. 학생들의 눈높이에 맞게 설계된 상품이 제공된다면 보증금과 생활비를 충당하기 위해 과도한 아르바이트를 하는 학생은 줄어들 것이다. 학생들이 편하게 학교를 다닐 수 있는 방안이 마련되어야 한다.　　　　　　　　　　　－ 학생의 글

- 이 글의 내용을 문제와 해결 방법으로 구분해 보세요.

문제	

2 도서관에 낙서가 되어 있거나 훼손된 책이 많아 문제입니다. 어떤 해결 방법이 있을지 적어 보세요.

도서관에서 책을 빌려 읽다 보면, 낙서가 되어 있거나 밑줄이 그어져 있어 읽기가 불편한 경우가 많다. 또한 책장이 찢어져 있거나 구겨져 있어서 내용을 제대로 볼 수 없는 경우가 많다. 이렇게 도서관의 책을 훼손하는 일을 방지하기 위해서는 다음과 같은 방법을 도입해야 한다.

_____

_____

_____

_____

_____

_____

_____

_____

PART
02

응용편

03 도서관 이용법

1) 도서 검색 및 활용
2) 학술 자료 검색하기

도서관 이용법

1) 도서 검색 및 활용   2) 학술 자료 검색하기

학습목표

도서관의 자료를 찾고, 분석하여 활용할 수 있다.

1) 도서 검색 및 활용

국내 대학들의 경우 학교 도서관 사이트를 이용하면 많은 자료를 무료로 이용할 수 있다.

오른쪽 상단 [주요 사이트] 탭에서 학술정보원 사이트를 찾는다.

학술정보원 로그인을 확인한다.

도서관 검색창에 찾고자 하는 책을 입력한다.

검색 결과에서 책의 청구 기호와 대출 가능 여부를 확인한다.

2) 학술 자료 검색하기

로그인 상태에서 검색해야 모든 서비스를 받아 볼 수 있다.

도서관 검색창에 필요한 논문의 키워드를 입력한다. Full Text(DBPIA)나 를 클릭하면 자료를 볼 수 있다.

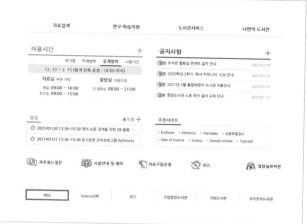

RISS를 통해 논문을 검색하는 방법
도 있다. 왼쪽 하단의 RISS에 접속
한다.

RISS를 통해 논문을 검색하는 경우
에는 반드시 대학 도서관 홈페이지
로그인 후 접속해야 한다.

원문보기를 눌러 인용할 논문들을 찾
아 프린트하거나 저장한다.

앞에서 검색한 논문의 정보를 정리하면 다음과 같다.

- 논문제목: 코로나19 이후 대학 온라인 교육에 관한 학습자들의 반응 조사 연구
- 논문저자: 한승우, 김보영
- 발행기관(학회): 한국문화융합학회
- 학술지명: 문화와 융합
- 권호사항: Vol.42 NO.10
- 발행연도: 2020

이상과 같이 논문 정보를 반드시 메모하여, 인용하도록 한다. 참고 자료는 늘 풍부하게 찾아 두는 것이 좋다.

1 여러분도 관심 있는 분야의 학술논문을 한 편 검색하고 정보를 적어 보세요.

· 논문제목: _____

_____

· 논문저자: _____

· 발행기관(학회): _____

· 학술지명: _____

· 권호사항: _____

· 발행연도: _____

2 도서관에서 제공하는 학술정보 활용 교육을 찾아 듣고, 새롭게 안 사실들을 메모해 보세요.

04 다양한 글쓰기

감상문 작성하기

1) 감상문이란 무엇인가   2) 독서 감상문   3) 음악 감상문   4) 영화 감상문

학습목표

감상문의 특징을 이해하고, 다양한 분야의 감상문을 작성할 수 있다.

감상문
感(느낄 감) 想(생각 상) 文(글월 문) / essay

어떤 사물을 보거나 겪은 느낌을 쓴 글

1) 감상문이란 무엇인가

(1) 감상문의 구성

감상문은 작품 감상 동기, 작품 줄거리, 작품에 대한 개인적인 감상으로 구성된다. 감상문은 특별한 형식 없이 글쓴이의 개인적인 느낌이나 생각이 자유롭게 표현된 글로, 논증 형식의 글은 아니지만, 글쓴이가 자신의 감상과 그러한 감상의 근거를 함께 쓰기 때문에 논증의 방식으로 작성되는 경우가 많다.

> **감상문을 쓰는 방법**
>
> 1. 반드시 주제에서 벗어나지 않아야 한다.
> 2. 감상문은 정해진 형식은 없지만, 서론 – 본론 – 결론의 형식으로 쓰는 경우가 많다.
> 3. 서론에는 작품을 감상하게 된 동기와 작품에 대한 간단한 내용을 쓴다.
> 4. 본론에는 감상한 대상에 대한 묘사나 줄거리, 감상하면서 가장 인상 깊었거나 감동을 받았던 내용을 자신의 느낌이나 생각과 함께 쓴다. 예를 들어, 감동적인 내용이나 줄거리를 쓴 다음에 그것에 대한 글쓴이의 느낌과 생각을 개인적인 경험에 비추어 쓴다.
> 5. 결론에는 대상이나 작품을 감상하고 난 후의 글쓴이의 소감이나 다짐, 깨달음이나 평가 등을 쓰면 좋다.

(2) 감상문의 종류

감상문은 감상하는 대상에 따라 여러 가지 유형으로 구분된다. 독서 감상문, 음악 감상문, 영화 감상문 등 그 종류가 무수히 많을 수 있다.

2) 독서 감상문

독서 감상문은 책을 읽고 특정한 형식요건 없이 자유롭게 쓰는 글이다. 책을 읽은 뒤에 쓴 독후감이기 때문에 부담 없이 자신의 주관적 판단이 드러나도 된다. 자신만의 경험을 책과 연관시켜 쓰기도 하고, 자신이 책을 읽으면서 느끼고, 이해하고, 즐기는 방식을 쓸 수도 있다. 즉, 자신의 생각을 바탕으로 책에 대하여 평가하는 글이다.

1 다음 읽기 자료를 천천히 읽어 보세요.

> 생텍쥐페리(Saint Exupery)의 『어린 왕자』는 표지가 예뻐서 읽게 된 책이다. 읽어 보니 사람과 사람 사이의 관계에 대한 이야기를 담고 있었다.

어느 날 어린 왕자의 별에 장미꽃이 피어났다. 꽃은 정말 아름다웠지만 어린 왕자에게 자질구레한 일들을 시키며 괴롭혔다. 결국 어린 왕자는 별을 떠나기로 결심한다. 어린 왕자는 여러 별을 돌아다니다 지구에 도착하게 되었는데, 자신의 별에 있던 장미꽃과 똑같은 꽃들이 수천 개나 존재한다는 사실을 알게 되었다. 어린 왕자는 자신이 단 하나뿐인 꽃을 가진 사람이 아니라는 사실에 슬피 울었다. 그때 어린 왕자의 옆에 여우가 나타나 자신을 길들여서 세상에서 단 하나뿐인 존재로 만들어 달라고 했다. 여우를 통해 어린 왕자는 자신의 별에 있는 장미꽃이 자신에게 길들여진 세상에 단 하나뿐인 꽃이라는 것을 깨닫게 되었고 다시 자신의 장미꽃에게로 돌아갔다.

이 책을 읽고 진정한 행복은 길들여짐에서 나온다는 것을 깨닫게 됐다. 관계에 대해 깊이 생각해 볼 수 있는 계기를 제공해 준 이 책이 고마웠다. 표지뿐 아니라 내용도 참 훌륭한 책이다.

2 다음 〈보기〉의 요소들이 독서 감상문의 처음, 가운데, 끝부분 중 어디에 들어가야 할 것인가를 분류해 보세요.

〈보기〉

1. 책을 읽은 소감이나 다짐
2. 간단한 줄거리와 느낌, 생각
3. 책을 읽게 된 동기와 계기
4. 책을 처음 접했을 때의 느낌
5. 등장인물의 행동에 대한 느낌과 생각
6. 기억에 남는 장면에 대한 느낌과 생각
7. 간단한 책의 내용 소개
8. 주인공 또는 등장인물 소개
9. 책을 읽은 후의 깨달음이나 책에 대한 평가

· 처음: _____

· 가운데: _____

· 끝: _____

3 자신이 가장 좋아하는 책에 대한 느낌과 생각을 솔직하게 담아 독서 감상문을 써 보세요.

_____

_____

_____

_____

_____

_____

_____

_____

_____

_____

_____

_____

_____

_____

_____

_____

3) 음악 감상문

음악 감상문은 정해진 형식 없이 음악을 들으면서 느꼈던 감정이 진솔하게 표현된 글이다.

음악 감상문을 쓰는 방법

1. 감상한 음악의 제목을 기재한다.
2. 음악에 대한 여러 정보(작곡가, 작사가, 가수, 발매 연도, 만든 회사 등)를 적는다.
3. 자유롭게 느낀 감정을 진솔하게 표현한다.
4. 다양한 음악을 접하면서 음악에 대한 견문을 넓힌다면 감상문 작성 시에 많은 도움이 된다.

1 다음 읽기 자료를 천천히 읽어 보세요.

노래 〈시작〉은 친한 친구가 꼭 보라고 추천한 TV 드라마 〈이태원 클라쓰〉를 보면서 처음 접하게 됐다. 비트가 빨라서 신이 나면서 희망과 용기를 주는 멋지고 활기찬 음악이다.

이 노래는 음원사이트에서 1등을 했으며 유튜브 공식 뮤직비디오 조회수 1,000만 회를 넘을 만큼 한동안 많은 인기를 얻었다. 한국에서 인기 있는 드라마의 OST 아티스트로 활동을 꾸준히 하고 있는 '가호'라는 가수가 불렀고, '이태원 클라쓰 OST Part 2'에 타이틀곡으로 처음 등장했다. 주인공이 시련을 겪어도 포기하지 않고 달려가는 장면에서 배경 음악으로 많이 깔렸다. 특히 'I can fly the sky, never gonna stay, 내가 지쳐 쓰러질 때까진'이란 노래 소절이 가장 인상 깊은 대목이다. '나는 날 수 있어, 여기 머무르지 않겠어'라는 뜻으로 정말 마음이 날아가는 것 같은 자유로운 느낌을 준다. 또한 이 부분을 들으면서 내가 포기하고 싶을 때, 그만하고 싶을 때, 많은 힘을 얻을 수 있었다. 그리고 '변한 건 없어, 버티고 버텨, 내 꿈은 더 단단해질 테니'라는 소절도 좋아한다. 비트와 가사가 잘 어우러져 정말 버티고, 버틴 후 더욱 단단해진 내가 될 수 있을 것만 같은 희망을 갖게 한다. 이 소절을 들으면 콜롬비아에서 한국으로 와서 힘들었던 때가 생각나서 가슴이 뭉클하기도 하고, 다시 일어나 달릴 수 있는 용기를 갖게 한다.

노래 〈시작〉은 힘을 주는 음악이라고 생각한다. 이 노래를 들으면 힘들었던 지난날을 생각하면서 버티고, 견디고, 자신감을 가지고, 용기를 가지고, 내 꿈을 향해 나아가야 한다는 마음을 다짐하게 된다. 나처럼 다른 친구들도 좌절하지 말고, 굴복하지 말고, 자신의 생각대로 꿈을 이룰 수 있었으면 좋겠다. 특히 이 노래는 패배감을 느낄 때 스스로를 다독이면서 그 꿈에 도달할 수 있는 힘을 만들어 줄 것이다.

– 외국인 학생의 글

- 이 글에서 음악을 듣게 된 동기가 무엇이라고 했나요?

_____

_____

- 이 글에서 음악에 대한 어떤 정보들을 이야기하고 있나요?

_____

_____

- 이 글에서 〈시작〉이라는 노래를 들을 때 어떤 느낌이 든다고 했나요?

_____

_____

2 최근에 가장 좋아하고 즐겨 듣는 음악에 대한 음악 감상문을 써 보세요. 서론에는 음악을 감상하게 된 동기, 본론에는 음악에 대한 정보와 음악에 대한 느낌과 생각, 결론에는 소감이나 다짐을 적어 보세요.

_____

_____

_____

_____

_____

_____

_____

_____

_____

_____

_____

_____

4) 영화 감상문

영화 감상문은 영화를 본 글쓴이의 개인적인 생각이나 느낌을 솔직하게 표현한 감상문이다.

영화 감상문을 쓰는 방법

1. 작품에 드러난 감독의 의도나 작품의 주요 내용, 특징 등과 무관하게 작성되기도 하지만 작품의 구체적인 내용과 함께 글쓴이의 느낌이나 생각을 더하면 좋다.
2. 감상문의 마지막 부분을 작성할 때는 대상 작품에서 궁극적으로 말하고자 하는 바를 간략하게 제시하고 그에 대한 글쓴이의 개인적인 생각을 구체적으로 작성하는 것이 좋다.

1 다음 읽기 자료를 천천히 읽어 보세요.

1996년 월트디즈니에서 제작한 애니메이션 〈노트르담의 꼽추〉는 빅토르 위고(Victor Hugo)가 1831년에 발표한 소설을 원작으로 하고 있다. 소설과 줄거리는 조금 다르지만, 노트르담 대성당을 중심으로 펼쳐지는 내용과 배경은 일치한다.

노트르담 성당의 종지기인 콰지모도는 못생겨서 사람들에게 괴물 취급을 받는다. 반면 프롤로 주교는 많은 사람들에게 존경을 받는 사람이다. 콰지모도와 프롤로는 모두 집시인 에스메랄다를 좋아하게 된다. 콰지모도는 에스메랄다가 다른 사람을 좋아하는 것을 알면서도 위험에 처할 때마다 도와준다. 반면, 프롤로는 자신이 가지지 못할 바에야 차라리 에스메랄다를 죽여 버리겠다는 이기적인 마음을 품는다.

외모는 괴물 같지만 마음씨는 착한 콰지모도와 정상인처럼 보이지만 성격이 괴물 같은 프롤로 중에 진짜 괴물은 프롤로라고 생각한다. 이 애니메이션은 화려한 영상미와 함께 인간의 괴물성에 대해 깊이 생각해 볼 수 있도록 만든다.

2 자신이 좋아하는 영화의 포스터 사진을 붙이고, 영화에 대해 설명해 보세요.

〈영화 포스터〉

- 감독: _____

- 장르: _____

- 국가: _____

- 개봉 연도: _____

- 출연 배우: _____

- 간단한 줄거리: _____

  _____

  _____

  _____

  _____

- 인상 깊었던 장면이나 대사: _____

  _____

  _____

  _____

- 영화에 대한 솔직한 느낌과 생각: _____

  _____

  _____

  _____

  _____

3 앞의 **2**에서 쓴 내용들을 연결하여 한 편의 영화 감상문을 완성해 보세요.

보고서 작성하기

1) 보고서란 무엇인가   2) 보고서 작성하기

학습목표
보고서의 형식을 익히고 정확한 내용을 작성할 수 있다.

보고서
報(알릴 보) 告(고할 고) 書(글 서) / report

어떠한 주제에 대해서 알리는 글이나 문서. 대학 및 대학원에서는 주로 학생들이 학문과 관련하여 제출하는 공적인 글을 말한다.

1) 보고서란 무엇인가

(1) 보고서의 종류

보고서의 종류는 연구 보고서, 기획 보고서, 탐구 보고서, 실험 보고서 등 목적에 따라 범위가 매우 넓고, 다양하다. 일반적인 보고서는 연구 및 조사의 대상과 목적, 조사 방법과 기간, 결과 및 평가 등으로 이루어진다. 구체적인 내용은 전공 분야에 따라 달

라질 수 있지만, 내용을 구성하는 형식적인 틀은 대체로 유사하다.

(2) 보고서의 형식

보고서는 '표지 – 목차 – 서론 – 본론 – 결론 – 참고문헌'의 형식으로 구성된다.

(3) 보고서의 조건

- 내용적 조건: 학술적 주장에 대한 적합한 근거를 바탕으로 논리적으로 증명한다.
- 형식적 조건: 다른 글과 달리 형식적 조건을 요구한다.
- 윤리적 조건: 다른 연구자의 견해와 자신의 독자적인 주장을 분명히 분리한다.

2) 보고서 작성하기

(1) 표지

① 제목과 부제목
- 연구 목적과 대상, 내용이 간결하고 명확하게 드러나도록 제목을 작성한다.
- 부제목은 필요 없을 경우 적지 않는다.
- 제목보다 부제목의 크기를 작게 하며 모두 가운데 정렬을 하는 것이 좋다.

② 과목정보와 개인정보
- 과목정보: 과목명, 담당교수, 제출날짜
- 개인정보: 이름, 학과, 학번

심리경향에 따른
의사소통 유형 분석
- MBTI 검사 결과를 바탕으로 -

이름: 홍길동
학과: 경영학과
학번: 20210001
과목명: 글쓰기
교수명: 노석영
제출일: 2021. 08. 20.

보고서의 표지

(2) 목차

① 수문자식: 로마자와 숫자를 함께 사용한다.

② 숫자식: 숫자만 사용한다.

I. 서론 II. 본론 　2.1. 　2.2. 　2.3. III. 결론	1. 서론 2. 본론 　2.1. 　2.2. 　2.3. 3. 결론
수문자식 목차	숫자식 목차

(3) 본문

- 보고서는 '장 > 절 > 항 > 목'의 내용으로 구성해야 한다.
- 본론의 절별 구조는 유사한 편이 좋다.

  예 (○) 2.1. 문제 – 1) 개인, 2) 사회

  　　 2.2. 방안 – 1) 개인, 2) 사회

  　(×) 2.1. 문제 – 1) 개인, 2) 기업, 3) 정부

  　　 2.2. 방안 – 1) 개인, 2) 사회

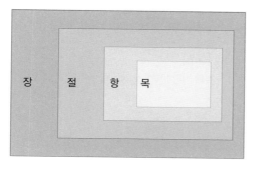

본문의 장, 절, 항, 목　　　　　본론의 구조

보고서 본문의 구성

구분	내용

서론	• 보고서가 어떤 문제를, 왜, 어떻게 다루려고 하는지 소개하는 부분
	• 연구 주제와 관련된 현황 제시, 문제 제기 및 연구 목적 제시, 본문 내용 소개
	  – 현황 제시: 연구가 필요한 사회 문화적 배경 소개
	  – 문제 제기 및 연구 목적 제시: 무엇이 문제인지, 보고서를 쓰는 목적이 무엇인지 제시
	  – 본문 내용 소개: 본론의 각 부분에서 어떤 내용을 다룰 것인지 소개

본론	• 서론에서 제시한 문제를 자세하게 다루는 부분 • 연구 대상 설명, 분석 및 해석, 반대 주장과 반박 등 • 본론을 구성하는 방식은 보고서의 성격이나 주제에 따라 상이함

결론	• 본론에서 다룬 내용을 요약하고 보고서를 마무리하는 부분
	• 본론 요약, 연구의 의의, 연구의 한계 및 후속 과제 등을 밝히는 항목
	  – 본론 요약: 본론의 핵심 내용을 요약하고 정리
	  – 연구의 의의: 이번 연구를 통해서 새롭게 밝혀낸 사실 제시
	  – 연구의 한계 및 후속 과제: 부족한 점과 앞으로 이어질 연구 계획 제시

(4) 참고문헌

참고문헌의 표기 방식

구분	표기 방식
저서	저자명, 『저서명』, 출판사명, 출판연도. 에 김낙현, 임현열, 한승우, 『인공지능인문학 FULL COURSE』, 인문과교양, 2020.
논문	필자명, 「논문명」, 『게재지』 권호수, 학회, 출판 연도. 출판 월, 게재 쪽수. 에 이찬규, 노석영, 「의사소통에서 나타나는 울타리 표현의 특성에 관한 연구」, 『한국화법학회』 21권, 화법연구, 2012. 12, 245~286쪽.
학위논문	필자명, 「논문명」, 학위수여기관과 학위종류, 연도. 에 강성애, 「노희경 TV드라마에 나타난 타자지향성과 공동체 의식 연구」, 중앙대학교 대학원 박사학위논문, 2019.
번역서	원저자, 역자, 『저서』, 출판사, 출판연도. 에 빌 브라이슨, 이덕환 옮김, 『모든 것의 역사』, 까치, 2014.

• 한국어 저서를 먼저 적고, 외국어 저서를 적는다.

- 한국어 자료는 저자명의 가나다순으로, 외국어 자료는 저자 성(姓)의 알파벳순으로 표기한다.
- 공동저자의 경우, 대표 필자가 3명 이하면 모두 밝히고 그보다 많으면 '외'로 표기한다.
- 한 필자의 문헌이 여러 개이면 연도순으로 적고, 같은 연도의 문헌이 여러 개이면 '(2021a), (2021b)…'를 쓰거나 또는 '(2021가), (2021나)…'로 표기한다.

앞서 살펴본 '참고문헌 표기 방식'에 제시된 자료들을 참고문헌 순서에 맞게 다시 배치해 보세요.

_____

_____

_____

_____

_____

_____

_____

_____

_____

_____

_____

_____

_____

보고서 작성하기

3) 표절은 무엇인가   4) 인용하는 절차

학습목표

표절을 피하고, 정당한 인용을 통해 정확한 보고서를 작성할 수 있다.

3) 표절은 무엇인가

표절

剽(위험할 표) 竊(훔칠 절) / plagiarism

- 시나 글, 노래 따위를 지을 때 남의 작품의 일부를 몰래 따다 씀
- 다른 이의 말이나 글을 가져오면서 출처나 맥락(인용 사실)을 밝히지 않는 행위
- 남의 저작물과 표현을 자기 자신의 것으로 내세우고 표시함으로써 독자를 고의적으로 속이는 행위

(1) 표절의 유형

- 자구의 표절   • 아이디어의 표절   • 자기 표절

학문 정직성 서약서

– 글쓰기 명예 선언 –

- 나는 '의와 참'의 정신을 창작 이념으로 삼고 있는 자랑스러운 중앙인으로서 학문 정직성과 글쓰기 윤리를 지킬 것을 선언합니다.

- 나는 명예로운 삶을 위하여 학문 윤리에 어긋하는 행위를 단호히 거부하여, 표절 행위를 하지 않을 것입니다.

- 나는 이 명예 선언을 양심에 따라 자발적으로 지킬 것을 굳게 서약합니다.

준수 사항

1. 나는 글쓰기의 기본 윤리를 지킵니다.

글쓰기 실습과 과제 수행에 있어 타인의 글이나 자료들을 출처 표시 없이 가져오는 표절행위를 하지 않습니다.

2. 나는 글쓰기 학습에 스스로 동기를 부여하고, 학문 공동체의 일원이라는 자긍심을 가지고 공동 학습 활동에 성실하게 임할 것입니다.

수업에 대한 열정을 가지고 글쓰기 학습 목표 달성에 힘쓸 것이며, 공동 학습 활동 시 팀의 일원으로서 동료의 글을 성실하게 읽고 논평할 뿐만 아니라 지적 사항도 겸허하게 수용할 것입니다.

나는 이 서약을 성실하게 지킬 것임을 다시 한 번 맹세합니다.

중앙대학교 _____ 대학 _____ 학과(학부) 성명 _____ (서명)

서약일: _____ 년 ____ 월 ____ 일

(2) 표절 예방을 위한 기본 윤리 지침

- 다른 사람의 개성적이고 독창적인 아이디어나 성과물을 가져와서 아무런 표시 없이 사용해서는 안 된다.
- 다른 이의 견해를 자신의 생각인 것처럼 제시하면 안 된다.
- 다른 사람의 아이디어나 견해를 인용할 경우 반드시 '출처'를 명시한다.
- 다만, 널리 알려져 일반화된 사실이나 공유하는 학설에 대해서는 인용 표시 없이 쓸 수 있다.

4) 인용하는 절차

인용

引(끌 인) 用(쓸 용) / quotation, citation

다른 사람의 글과 말 가운데서 필요한 부분을 빌려오는 것

(1) 인용의 목적

- 자신의 주장과 공통되거나 상반된 견해를 인용하면 논의가 풍부해진다.
- 권위 있는 의견을 인용하면 전문 독자를 효과적으로 설득할 수 있다.
- 다른 생각에 대한 비판적 논의와 해석을 이끌어 낼 수 있다.

(2) 인용의 원칙

- 꼭 필요한 경우에만 한다.
- 다른 사람의 견해를 존중하는 태도를 취한다.
- 인용을 할 때에는 자료의 출처를 정확하게 제시한다.
- 검증되고 권위 있는 자료를 이용한다.
- 자신이 직접 읽고 이해한 자료만 인용한다.

• 인용 자료와 주장 사이에는 분명한 관련성이 있어야 한다.

(3) 인용의 종류

① 직접인용: 자료의 문구를 글자 그대로 인용하는 것

• 원문 표현 자체가 중요하거나 오해의 소지가 있을 때

• 1차 자료를 인용

• 세 줄 이하로 짧은 경우는 큰 따옴표("")로 본문에서 처리

• 네 줄 이상 긴 경우는 인용문으로 따로 처리, 들여쓰기, 문단 구분

인용문이 세 줄 이하인 경우의 예

　이상에서 살펴본 바와 같이, 배심원 토론을 도입한 수업 관련 논의는 최근에 들어서 조금씩 진전되고 있는 상황이다. 물론, 법을 전공하는 학생들을 대상으로 한 모의재판 관련 연구는 꾸준히 계속되어 왔다. 그러나, '모의재판'과 '모의재판 배심원 토론'은 다른 것으로 보아야 한다. 모의재판이 법을 전문적으로 배우고 검토하는 과정 속에서 숙련을 위해 하는 실전 모의 연습이라면, 모의재판 배심원 토론은 "법정 수사학, 법정 커뮤니케이션, 소통과 설득에 대한 교육이 주요 목적이며 동시에 민주시민 법교육이 부차적으로 자연스럽게 이루어지게 하는 것"[8]으로 보아야 한다. 즉, 모의재판이 법률적 용어와 법 해석에 대한 전문적 지식을 전제로 하는 것이라면, 배심원 토론은 일반인들을 대상으로 법에 입각한 공정한 사고 능력을 배양하고 소통의 과정을 익혀 민주시민으로서 잠정적 배심원으로서의 역할을 미리 예행 연습하도록 하는 것에 목표를 두어야 한다.

---

8)　이상철, 「배심원모의재판토론 수업 운영 방안: 의사소통교육과 민주시민 법교육을 위한 대학교양과정」, 『수사학』 22집, 한국수사학회, 2015. 3, 206쪽.

인용문이 네 줄 이상인 경우의 예

　철이가 급작스러운 죽음을 맞게 된 것은 시베리아 불곰의 습격 때문이었다. 강인한 불곰의 힘에 의해 힘없이 내팽겨쳐진 철이의 육체는 회생이 불가능한 지경이 되었다. 누구의 도움도 받을 수 없는 숲속에서 철이는 혼자 죽음을 맞이한다.

> 나는 말년의 아빠에게 뇌를 백업하고 영생하지 않겠느냐고, 이미 많은 인간이 그렇게 하고 있다고 말했다. 아빠는 단호히 거부했었다. 육신 없는 영생을 바라지 않는다고, 인간의 존엄성은 죽음을 직시하는 데에서 온다고 말했다. 그리고 육신 없는 삶이란 끝없는 지루함이며 참된 고통일 거라고도.[39]

최진수가 "인간의 존엄성은 죽음을 직시하는 데서 온다"고 말한 것처럼 철이는 자신의 죽음을 온 마음과 몸으로 느끼고 있었다. 자신의 육체 안에서 자신의 의식이 서서히 사라져 가는 것을 느끼면서 철이는 '인간다운 죽음'을 경험한다. 죽음 앞에서 철이는 휴머노이드와 인간 중에서 '인간'이기를 선택하였다.

---

39) 김영하, 『작별 인사』, 밀리의 서재, 2020, 154~155쪽.

② 간접인용: 다른 사람의 글을 가공하여 인용하는 것

• 글 전체의 통일성과 일관성을 유지할 때, 문단을 구분, 들여쓰기

• 요약적 인용: 내용 요약

• 윤문적 인용: 나의 언어로 변화

간접인용의 예

프로이트는 여자아이의 경우 남자의 성기가 자신에게는 없음을 깨닫는 것으로부터 오이디푸스콤플렉스가 시작된다고 말한다.[15]

---

15) 지그문트 프로이트, 김정일 옮김, 『성욕에 관한 세 편의 에세이』, 열린책들, 1996, 314쪽 참조.

(4) 주석

• 목적에 따라 참고하거나 인용한 자료의 출처를 밝히는 것(참조주)이나 중요 부분의 논의를 보충하는 것(내용주)으로 나눌 수 있다.

- 위치에 따라 외각주와 내각주로 구분한다.
- 학문영역, 기관에 따라 다양한 형태를 지니고 있다.

① 외각주 달기
- 저서: 저자명, 『저서명』, 출판사, 출판연도, 인용 쪽.

  예 홍길동, 『조선의 적서 차별』, 중앙대학교 출판부, 2021, 30쪽.
- 외국어 저서: 저자명, *저서명*, 출판지역: 출판사, 출판연도, 인용 쪽. (외국어 저서는 제목을 이탤릭체로 처리하고, 출판지역을 표기하는 것이 일반적임)

  예 Han .W. Seung, *Research Trends on Retro and Newtro*, New York: Routledge, 2019, p. 156.
- 논문: 필자명, 「논문명」, 『게재지명』 권호수, 출간학회, 출판 연도. 출판 월, 인용 쪽.

  예 심청, 「소설에 드러난 트라우마에 관한 연구」, 『중앙어문』 50호, 중앙어문학회, 2020. 6, 89쪽.

외각주의 예

  보통 예외가 없는 것은 아니지만 역행적 유음화를 실현하는 대부분의 경우는 한자어 2음절이다. 3음절 이상의 한자어의 경우에는 유음화가 아닌 비음화의 선택이 훨씬 자연스러워 보인다.[3]

————————
3) 김경아, 「유음화와 비음화의 선택적 교체에 대하여」, 『어문연구』 30권 제2호, 한국어문회, 2004, 17쪽.

---

② 내각주 달기
- 원문(저자명, 발행연도: 쪽수)

  예 (우승한, 2020: 100)
- 원문 중 저자 이름(발행연도: 쪽수)

  예 우승한(2020: 100)은 그의 저서에서 이런 말을 남겼다.

내각주의 예

  사이먼 레이놀즈가 지적한 바와 같이, "가까운 과거에 이토록 집착한 사회는 인류사에 없었다"(사이먼 레이놀즈, 최성민 옮김, 2014: 15). 우리 사회에서도 영화, 드라마, 음악, 패션, 음식 할 것 없이 문화 전반에 걸쳐 뜨거운 레트로 열풍이 휩쓸고 있다. 지금 한국 대중문화의 주요한 키워드 중 하나는 분명 '레트로'이다.

다음 〈자료〉의 출처를 보고 알맞은 각주를 완성해 보세요.

〈자료 1〉

- 저자: 문학인
- 출판 연도: 2018년
- 책 제목: 우리 영화 속 문화 읽기
- 인용한 쪽: 146~147쪽
- 출판사: 다복다북

〈자료 2〉

- 저자: 홍길동
- 학회지: 한국소설학회
- 출판 연도: 2019년
- 논문 제목: 영웅은 어떻게 만들어지는가?
- 학회명: 한국소설연구회
- 인용한 쪽: 50쪽

〈자료 3〉

- 저자: Gyan Kim
- 출판지: Chicago
- 출판 연도: 2021년
- 책 제목: Post-Oriental Histories
- 출판사: Chicago University Press
- 인용한 쪽: 236~237쪽

논증하는 글쓰기

1) 논증이란 무엇인가　2) 주장 내세우기　3) 예시와 근거를 들어 논증하기

학습목표

주장을 내세우고 그에 적합한 예시와 근거를 제시할 수 있다.

논증
論(논할 논) 證(증거 증) / reasoning

어떤 판단의 진리성의 이유를 분명히 하는 일. 또는 옳고 그름을 따져서 증명하는 일

1) 논증이란 무엇인가

　논증이란 근거를 제시하여 자신의 주장이 정당함을 입증하는 것을 말한다. 논증은 '주장+근거'로 이루어진다. 그러므로 논증을 하려면 먼저 주장할 관점을 세우고, 그러한 주장을 뒷받침할 수 있는 타당한 근거를 마련해야 한다.

2) 주장 내세우기

(1) 주장할 관점 세우기

주장하고자 하는 관점을 세우기 위해서는 다음과 같은 과정을 거치는 것이 좋다.

① 문제점 찾기: 일상생활에서 직접 체험한 내용이나, 신문 읽기 및 독서 등을 통하여 간접 체험한 내용을 바탕으로 문제점을 찾아낸다. '인터넷에서 쓰는 언어들을 순화해서 쓸 수 있는 제도를 마련해야 한다'를 예로 들어 생각해 보자.

> 예 • 일상생활 속 대화에서 경험한 사실: 학교에서나 친구들끼리 하는 말을 듣다 보면, 거의 대부분이 욕이나 농담, 유행어로 이루어져 있다. 그렇다 보니 기분이 나빠지는 경우가 빈번하고, 마음의 상처를 입게 된다.

> • 독서를 통해 알게 된 사실: 식물조차도 바르고 거친 말을 싫어 한다고 한다. 두 실험 장소를 구분하여 양파 100개씩을 물 컵에 담가 두고 기르기 시작했다. 한쪽 방에서는 클래식 음악과 칭찬하는 말을 양파에게 들려주었고, 다른 한쪽 방에서는 욕설이 담긴 대화 내용을 양파에게 들려주었다. 클래식 음악과 칭찬하는 말을 듣고 자란 양파는 성장 속도가 적당하고 건강 상태도 좋았지만, 욕설을 듣고 자란 양파의 대부분은 썩어 버렸거나 자라지 않았다. 사람이 아닌 식물에게도 바르고 고운 말은 좋은 영향을 미친다.

② 관점 정하기: 문제점을 분석한 후, 자신의 관점을 정한다.

> 예 '인터넷에서 쓰는 언어들을 순화해서 쓸 수 있는 제도를 마련해야 한다'는 주장에 대해 검토해 본 결과 찬성의 입장을 취하기로 한다.

③ 주장 검토: 자신의 주장이 읽는 이의 공감을 살 수 있는 내용인지 검토한다.

> 예 '인터넷에서 쓰는 언어들을 순화해서 쓸 수 있는 제도를 마련해야 한다'는 주장이 독단적이고 이기적인 주장은 아닌지 따져 본다.

④ 근거 검토: 자신이 세운 주장에 대한 근거나 이유를 충분히 마련할 수 있는지 검토한다.

> **예** ・ 서로를 존중하는 마음을 가질 수 있다.
>
> ・ 좋은 언어를 다음 세대에게 전달할 수 있다.
>
> ・ 대화를 통해 서로 기분 좋은 일상을 누릴 있다.

⑤ 주장 정하기: 검토한 내용을 바탕으로, 자신의 주장할 바를 분명하게 정한다.

> **예** 인터넷에서 쓰는 언어들을 순화해서 쓸 수 있는 제도를 마련하자.

(2) 타당한 근거 마련하기

'찬성-반대', '옳음-그름' 등 주장할 내용이 읽는 이의 공감을 얻으려면, 그 주장을 뒷받침할 수 있는 타당한 근거를 마련해야 한다.

주장에 대한 근거의 제시

주장	인터넷에서 쓰는 언어들을 순화해서 쓸 수 있는 제도를 마련하자.

⬇

근거 1	인터넷은 다양한 연령층이 사용하는 공동의 사회이다. 당연히 정해진 질서와 규범이 있어야 한다.
근거 2	인터넷에서 사용되는 많은 비속어와 줄임말들이 우리 국어를 훼손하고 있다.
근거 3	인터넷상에서 익명을 무기 삼아 책임 없는 말을 내뱉으면서 상대방의 존엄성을 훼손하고, 언어를 폭력적으로 사용하는 것을 일삼고 있다.

만약 이상과 같은 구체적인 근거를 제시하지 않은 채 무조건 '인터넷에서 쓰는 언어들을 순화해서 쓸 수 있는 제도를 마련하자'라고 주장한다면, 공감을 얻기보다 오히려 반발을 살 수 있다. 따라서 왜 그래야 하는지를 차분하게 설명하면서 자신의 의견을 내세운다면 보다 많은 사람들이 의견에 동조하게 될 것이다.

이상과 같이, 논증이란 합리적인 근거를 제시하여 자신의 주장을 차분히 전개하는 과정이라는 점을 기억해야 한다.

(3) 주장의 타당성 입증하기

근거가 마련되면 그것을 적절하게 활용하여 자기 주장이 옳다는 것을 증명해야 한다. 문제에 대한 자신의 입장을 정리한 후, 차분히 근거를 제시해 가면서 주장을 밝히면 된다. 논증의 일반적인 구성은 다음과 같다.

논증하는 글쓰기의 구성

서론(처음)	· 글을 쓰게 된 동기 · 문제 제기
본론(가운데)	· 주장하고자 하는 내용에 대한 근거 제시
결론(끝)	· 본론의 내용 요약 · 주장을 한 번 더 강조 · 문제 해결을 위한 태도나 방향 제시

3) 예시와 근거를 들어 논증하기

■ '부모님께 효도하자'라는 주장을 뒷받침할 수 있는 근거를 찾아 글을 써 보세요.

· 주장을 뒷받침할 수 있는 근거 세 개를 찾아보세요.

주장	부모님께 효도하자.
↓	
근거 1	
근거 2	

근거 3

• 앞에서 말한 근거를 바탕으로 '부모님께 효도하자'라는 주제의 논증적 글쓰기를 완성해 보세요.

2 다음은 산림이 주는 혜택과 산불로 인한 피해 상황을 나타낸 〈자료〉입니다. 이 〈자료〉를 참고하여 '산림을 보호하자'라는 제목의 논증하는 글을 써 보세요.

〈자료 1〉 1년간 산림이 주는 공익 기능 평가액(2020년)

구분	평가액
깨끗한 물 제공, 수해 예방	7조 9천억 원
맑은 공기 제공	8조 4천억 원
토사 흐름 방지	5조 8천억 원
쾌적한 쉼터 제공	3조 6천억 원
산사태 방지	1조 5천억 원
야생 동물 보호	5천억 원
총 평가액	27조 7천억 원

〈자료 2〉 산불 피해 발생 현황

구분	발생건수	피해액	인명피해
2016년	270건	10억 원	0명
2017년	294건	23억 9천만 원	7명
2018년	71건	2억 5천만 원	0명
2019년	139건	12억 7천만 원	0명
2020년	180건	19억 8천만 원	15명

〈자료 3〉 산불의 발생 현황(2020년)

구분	비율
입산자 실화	38%
논, 밭두렁 소각	26%
성묘객 실화	5%
어린이 불장난	7%
기타	24%

〈자료 4〉

우리 나라의 산림 면적은 6,485,000ha로서 전 국토 면적의 65%나 차지합니다. 푸른 산은 우리에게 많은 혜택을 줍니다. 산소 공급, 공기 정화, 방음, 방풍, 저수 역할은 물론이고, 여러 가지 먹거리와 목재, 연료 등을 제공해 줍니다. 또한 동물의 생활 터전을 마련해 주고, 사람들에게는 휴양이나 여가 선용을 위한 장소도 제공해 줍니다. 그래서 많은 학자들은 '산림은 지구상에서 가장 완벽한 생태계이며, 자연이 낳은 최대의 보물'이라고 합니다.

제목:

_____

_____

_____

_____

_____

_____

_____

_____

_____

_____

_____

_____

CHAPTER

05 한국어 바로 쓰기

한국어 바로 쓰기

1) 글쓰기에서 한국어 바로 쓰기가 필요한 이유   2) 한국어 바로 쓰기를 위한 방법

학습목표
맞춤법과 표준어에 맞는 한국어를 쓴다.

1) 글쓰기에서 한국어 바로 쓰기가 필요한 이유

좋은 글이란 무엇일까? 좋은 내용을 적절한 구성과 논리, 그리고 알맞은 표현으로 풀어내야 좋은 글로 인정받을 수 있다. 또한 '바로 쓰기' 역시 매우 중요하다. 여기서의 '바로 쓰기'란 정서법(正書法)이다. 정서법은 철자법, 띄어쓰기, 그리고 적절한 표준어 사용 등을 포괄하는 개념이다.

글이 아무리 좋은 내용을 담고 있더라도, 그것의 구성과 논리가 타당하더라도, 또한 그것을 표현하는 방식이 유려하더라도, 정서법이 제대로 되어 있지 않으면 좋은 글로 인정받을 수가 없을 것이다.

1 다음 읽기 자료는 한국인이 존경하는 김구 선생님이 남기신 글입니다. (가)를 읽을 때와 (나)를 읽을 때 어떤 차이가 느껴지나요? 또, (가)의 문제점을 찾아 지적하고, 바르게 고쳐 보세요.

(가)　　나는 우리나라가 세개에서 가장 아름다운 나라가 되기를 원한다. 가장 부강한 나라가 되기를 원하는 것은 아니다. 내가 남에 침냑에 가슴 아파쓰니 내 나라가 남을 침냑하는 것을 원치 아니한다.

　　우리에 부력은 우리에 생활을 풍족이 할 만하고 우리에 강력은 남에 침냑을 막을 만하면 족하다. 오직 한없이 가지고 싶은 것은 높은 문화에 힘이다. 문화에 힘은 우리 자신을 행복하게 하고 나아가서 남에게 행복을 주기 때문이다.

　　나는 우리나라가 남에 것을 모방하는 나라가 되지 말고, 높고 새로운 문화에 근원이 되고 모범이 되기를 원한다. 그래서 진정한 세개에 평화가 우리나라에서, 우리나라로 말미암에 세개에 실현되기를 원한다.

(나)　　나는 우리나라가 세계에서 가장 아름다운 나라가 되길 원한다. 가장 부강한 나라가 되기를 원하는 것은 아니다. 내가 남의 침략에 가슴 아팠으니 내 나라가 남을 침략하는 것을 원치 아니한다.

　　우리의 부력은 우리의 생활을 풍족히 할 만하고 우리의 강력은 남의 침략을 막을 만하면 족하다. 오직 한없이 가지고 싶은 것은 높은 문화의 힘이다. 문화의 힘은 우리 자신을 행복하게 하고 나아가서 남에게 행복을 주기 때문이다.

　　나는 우리나라가 남의 것을 모방하는 나라가 되지 말고, 높고 새로운 문화의 근원이 되고 모범이 되기를 원한다. 그래서 진정한 세계의 평화가 우리나라에서, 우리나라로 말미암아 세계에 실현되기를 원한다.

---

2 다음 읽기 자료를 천천히 읽어 보고, 틀린 부분을 찾아 바르게 고쳐 보세요.

> 내 인생의 발려자는 변화에 민가만 센스 있는 사람이면 좋겠다. 나는 기본적으로 골이 따분한 사람과 이야기하는 게 싫다. 그런 사람은 건강에 해로운 바람물질과도 같다. 또한, 눈이 큰 사람이면 좋겠다. 하지만 너무 힘을 주어 눈을 불알이는 사람은 싫다. 그런 사람들은 왠지 나의 사생활을 치매할 것 같은 느낌이 들기 때문이다. 끝으로 가장 중요한 것, 나를 아끼는 사람이면 좋겠다. 하지만, 자기 마음대로 일해라 절해라 하지는 않았으면 좋겠다. 자신의 장례 희망을 내게 강요하는 것도 싫다.

틀린 부분	바르게 쓰기	틀린 부분	바르게 쓰기

한국어 바로 쓰기와 관련된 개념

- 철자법: '자음과 모음을 어떻게 조합해서 쓸 것인가'와 관련한 규칙을 '철자법'이라고 한다. 한국어는 주로 소리 나는 대로 쓰는 것이 원칙이지만, 어떤 경우에는 소리 나는 대로 쓰면 안 되는 경우도 있다. 이런 경우를 특별히 조심해야 한다.

- 띄어쓰기: 모든 단어가 붙어 있으면 의미를 파악하기 어렵다. 쓰는 사람의 의도대로 적당히 띄어서 써야 한다. 예를 들면, 띄어쓰기 없는 "오늘밤나무사온다."는 과연 어떤 의미일까? 오늘 밤나무 사 온다? 아니면, 오늘 밤나무 사 온다? 이처럼 한국에서 띄어쓰기는 문장의 의미를 완전히 다르게 만들 수도 있을 만큼 중요한 요소이므로 반드시 정확하게 지켜야만 한다.

- 표준어: 한 나라에서 공용어로 지정한 규범 언어로, 의사소통의 불편을 덜기 위해 전 국민이 공통적으로 쓰는 공용어를 말한다. 그래서 한국에서는 '교양 있는 사람들이 두루 쓰는 현대 서울말'을 표준어로 정했다. 기왕이면 교양 있는 사람들의 말을 쓰는 게 좋지 않을까?

2) 한국어 바로 쓰기를 위한 방법

한국어를 배우면서 좋은 글을 많이 읽다 보면 자연스럽게 올바로 쓴 표기들을 많이 접하게 된다. 이런 경우 따로 정서법을 배울 필요가 없다. 그러나 현실적으로 그 정도 수준에 이르기는 쉽지 않다.

우리는 좀 더 효율적으로 한국어를 바로 쓰기 위해, 한국어 어문 규정을 참고할 수 있다. 규정을 이해하면 바르게 쓸 능력이 생기기 때문이다. 한국어에는 규정이 많다. 이른바 4대 어문 규정이라고 하는 것이 바로 그것이다. 한글 맞춤법, 표준어 규정, 외래어 표기법, 국어의 로마자 표기법 등이다.

우리 교재에서 이 모든 것을 일일이 다루기는 어렵다. 이에 한국 학생들도 자주 틀리는 일곱 가지 유형의 오류를 중심으로 연습을 해 보기로 한다. 다음에 제시된 문제들을 풀어 보자. 그리고 그와 비슷하게 헷갈리는 다른 사례들은 없었는지 생각해 보자.

(1) 'ㅐ'와 'ㅔ'를 잘못 쓰는 유형

지금 시대에는 한국어에서 'ㅐ'와 'ㅔ'를 구분할 수 없게 되었다. 하지만, 역사적으로 오랫동안 'ㅐ'와 'ㅔ'를 구분해 왔기 때문에 이 둘을 하나의 표기로 간주하기는 어렵다. 발음이 같더라도 표기를 달리해야 하는 'ㅐ'와 'ㅔ'를 잘 구분해 보자.

1 다음 〈보기〉의 10개 문장을 읽고 적절한 표기를 골라 보세요.

〈보기〉

1. (도대체/도데체) 그는 누구였을까?
2. 집에서 (김치찌개/김치찌게)를 끓이다.
3. (단언컨대/단언컨데) 이 글은 최고의 글이다.
4. 나는 (쓸대없는/쓸데없는) 생각은 하지 않는다.
5. 우리 글쓰기 (교재/교제)는 아주 좋다.
6. 가방을 (매고/메고) 수업을 들었다.

7. 그 사람은 그 일에 목을 (맨다/멘다).

8. 흐렸던 하늘이 (금새/금세) 맑아졌다.

9. 사람들이 나랑 아버지 얼굴 모양이 (똑같대/똑같데).

10. 간편한 카드 (결재/결제) 시스템은 소비를 촉진하는 결과를 낳았다.

• 앞의 〈보기〉에 제시된 10개 사례 이외에 'ㅐ'와 'ㅔ'의 구분이 헷갈리는 단어 사례를 세 개씩 찾아
  보세요.

1.
_____

2.
_____

3.
_____

(2) 'ㅙ', 'ㅞ', 'ㅚ'를 잘못 쓰는 유형

  'ㅙ', 'ㅞ', 'ㅚ'도 최근의 한국어에서는 변별하기 어려운 소리가 되었다. 이에 따라 이러
한 모음과 관련한 표기도 헷갈리는 경우가 많다.

2 다음 〈보기〉의 10개 문장을 읽고 적절한 표기를 골라 보세요.

〈보기〉

1. 그런 (괴변/궤변)을 늘어놓지 마라.

2. 자꾸 그러면 (안 되/안 돼).

3. 나는 (당췌/당최) 무슨 얘기인지 이해가 안 된다.

4. 학교는 신문사를 상대로 (명예회손/명예훼손)에 관한 소송을 냈다.

5. 그럼 내일 학교에서 (뵈요/봬요).

6. 오늘은 (왠지/웬지) 커피를 마시고 싶다.
7. 신종 코로나 바이러스가 유행하는 기간에 공공장소는 어디든지 (횅했다/휑했다).
8. 키와 몸집이 작은 사람을 (외소한/왜소한) 사람이라고 한다.
9. 요즘 매일 밤 (괴물/꽤물)이 나타나는 악몽에 시달린다.
10. 예전에 서양식이라고 하던 말을 요즘은 (왜스턴/웨스턴) 스타일이라고 한다.

• 앞의 〈보기〉에 제시된 10개 사례 이외에 '내'와 '게' 또는 '긔'의 구분이 헷갈리는 단어 사례를 세 개
  씩 찾아보세요.

1.
_____

2.
_____

3.
_____

(3) 부사에서 '이'와 '히'를 잘못 쓰는 유형

부사를 만드는 '이'와 '히'의 표기도 헷갈리는 사례다. 주로 '-하다'를 붙일 수 있으면
'히', 그렇지 않으면 '이'를 쓰면 된다. 다만, 어근이 'ㅅ'으로 끝나는 경우, 반복되는 말이
사용된 명사 뒤에서는 '하다'를 붙일 수 있더라도 '이'를 쓴다. 이 규칙은 대부분의 사례
를 만족시킨다. 그러나 일부는 이 규칙으로 설명되지 않는 사례도 있어 어려움이 크다.
따라서 우리는 위에서 제시한 원리를 기억하여 적용하되, 그것이 확실히 맞는지는 사전
검색을 통해 확인하는 습관을 들여야 한다. 사전을 자주 찾다 보면 자연스럽게 맞는
표기를 기억하게 될 것이다.

3 다음 〈보기〉의 10개 문장을 읽고 적절한 표기를 골라 보세요.

〈보기〉

1. 아침에 일어나 (깨끗이/깨끗히) 세수를 했다.
2. 그건 내가 (일일이/일일히) 관여할 일은 아니다.
3. 무슨 일이든 (틈틈이/틈틈히) 해 두면 좋다.
4. 그 사람은 자신의 일을 (꼼꼼이/꼼꼼히) 해 내는 사람이다.
5. 이번 사건에 (깊숙이/깊숙히) 관여하지 마라.
6. 집에 가서 (곰곰이/곰곰히) 생각해 봐라.
7. 건물 전체를 (샅샅이/샅샅히) 뒤졌지만 찾지 못했다.
8. 부부는 서로를 얼마나 (각별이/각별히) 생각하는지 모른다.
9. 자신의 권리를 (당당이/당당히) 요구할 필요가 있다.
10. 그의 한마디로 교실 안이 (고요이/고요히) 가라앉았다.

- 앞의 〈보기〉에 제시된 10개 사례 이외에 '이'와 '히'의 구분이 헷갈리는 단어 사례를 세 개씩 찾아보세요.

1.
_____

2.
_____

3.
_____

(4) 발음할 때 자주 생략되는 'ㅎ' 표기 오류

한국어에서 'ㅎ'은 자주 사라지는 소리이다. 'ㄱ', 'ㄷ', 'ㅂ', 'ㅈ'과 만나면 'ㅋ', 'ㅌ', 'ㅍ', 'ㅊ'이 되고, 모음이나 'ㄴ', 'ㄹ', 'ㅁ' 사이에서는 소리가 아예 없어진다. 그래서 'ㅎ'을 써야 할지 말아야 할지 헷갈리는 경우가 있다.

4 다음 〈보기〉의 다섯 개 문장을 읽고 적절한 표기를 골라 보세요.

〈보기〉

1. 그는 (다열질적인/다혈질적인) 사람이다.
2. 그 사람은 (희안한/희한한) 습관이 있다.
3. (악천우/악천후)로 모든 공항이 폐쇄되었다.
4. 외래어를 남발하는 것은 (지양/지향)해야 한다.
5. 나라를 위해 돌아가신 분들을 (순국선열/순국선혈)이라고 한다.

(5) 자음의 연음과 관련한 표기 오류

'먹이'는 [머기]로 발음되고, '삶이'는 [살미]로 발음된다. 어떤 받침 뒤에 자음이 오지 않고 모음으로 시작되는 경우 앞서 나타난 받침이 다음 글자의 초성으로 옮겨 가서 발음이 되는 것이다. 이를 연음 현상이라고 하는데, 이와 관련되어 헷갈리는 표기가 꽤 많다.

5 다음 〈보기〉의 다섯 개 문장을 읽고 적절한 표기를 골라 보세요.

〈보기〉

1. 나는 미술에는 (무뇌한/문외한)이다.
2. 이번 사건으로 (무리/물의)를 일으켜 죄송한 마음이다.
3. 친구의 도움으로 그 문제는 (무난히/문안히) 해결되었다.
4. 돈을 다 써서 지금은 (빈털터리/빈털털이) 신세가 되었다.
5. 새해에 세배를 너무 많이 해서 (무르팍/무릎팍)이 아플 정도다.

(6) 평음과 경음을 잘못 표기한 오류

한국 사람들에게는 평음과 경음의 구분이 자연스럽지만 외국인에게는 이것의 구분이 어렵다. 발음 구분이 어려우니 표기에서 오류도 많이 나타난다. 처음부터 바르게 익혀 두는 것이 필요하다.

6 다음 〈보기〉의 다섯 개 문장을 읽고 적절한 표기를 골라 보세요.

〈보기〉

1. 그렇게 (눈살/눈쌀)을 찌푸리지 마라.
2. 좋은 기회는 (덥석/덥썩) 잡아야 한다.
3. 자고 나면 눈에 (눈곱/눈꼽)이 끼는 경우가 있다.
4. 나는 이성을 만나면 (쑥스러워서/쑥쓰러워서) 눈을 마주치지 못한다.
5. 불쌍한 사람을 만나면 (안스러운/안쓰러운) 마음이 든다.

(7) 표준어를 잘못 사용한 오류

한글 맞춤법은 표준어를 어떻게 표기해야 할지를 정한 규칙이다. 따라서 기본적으로 어떤 단어가 표준어인지를 판단하는 일이 중요하다. 학생들의 글쓰기에서 자주 볼 수 있는 표준어 오류를 알아보고, 틀린 부분을 바르게 고쳐 쓰면서 올바른 표기의 중요성을 익혀 보자.

7 다음 〈보기〉의 10개 문장을 읽고 적절한 표기를 골라 보세요.

〈보기〉

1. 앞으로 (몇 일/며칠) 동안 휴식을 취할 계획이다.
2. 안토니오 가우디는 (내노라하는/내로라하는) 건축가이다.
3. 사생활에 대한 질문을 받을 때 (곤욕스럽다/곤혹스럽다).
4. 사업에서 사람에게 지급되는 돈을 (인건비/인권비)라고 한다.
5. 어떤 날의 다음 날을 (이튼날/이튿날)이라고 한다.
6. 이 자리를 (빌려/빌어) 지금까지 도와주신 분들께 감사드린다.
7. 한 어머니 배에서 같은 날 태어난 아이를 (쌍동이/쌍둥이)라고 한다.
8. 그 사람은 마음도 참 (예쁘다/이쁘다)는 평가를 받는다.
9. (자장면/짜장면)의 기원은 중국이지만, 상당히 한국화된 음식이다.
10. 표준어 공부하느라 힘들었으니 오늘은 (소고기/쇠고기)를 구워 먹으러 가야겠다.

• 앞의 〈보기〉에 제시된 10개 사례 이외에 헷갈리는 표준어 단어 사례를 세 개씩 찾아보세요.

1. _____

2. _____

3. _____

한국어를 어떻게 써야 할지 헷갈릴 때에는 국립국어원 홈페이지(korean.go.kr)를 적극 활용해 보자.